An ISLAND TRIPPER with the BICYCLE

シェルパ斉藤の

「島旅は いつも 自転車で」

斉藤政喜

目次

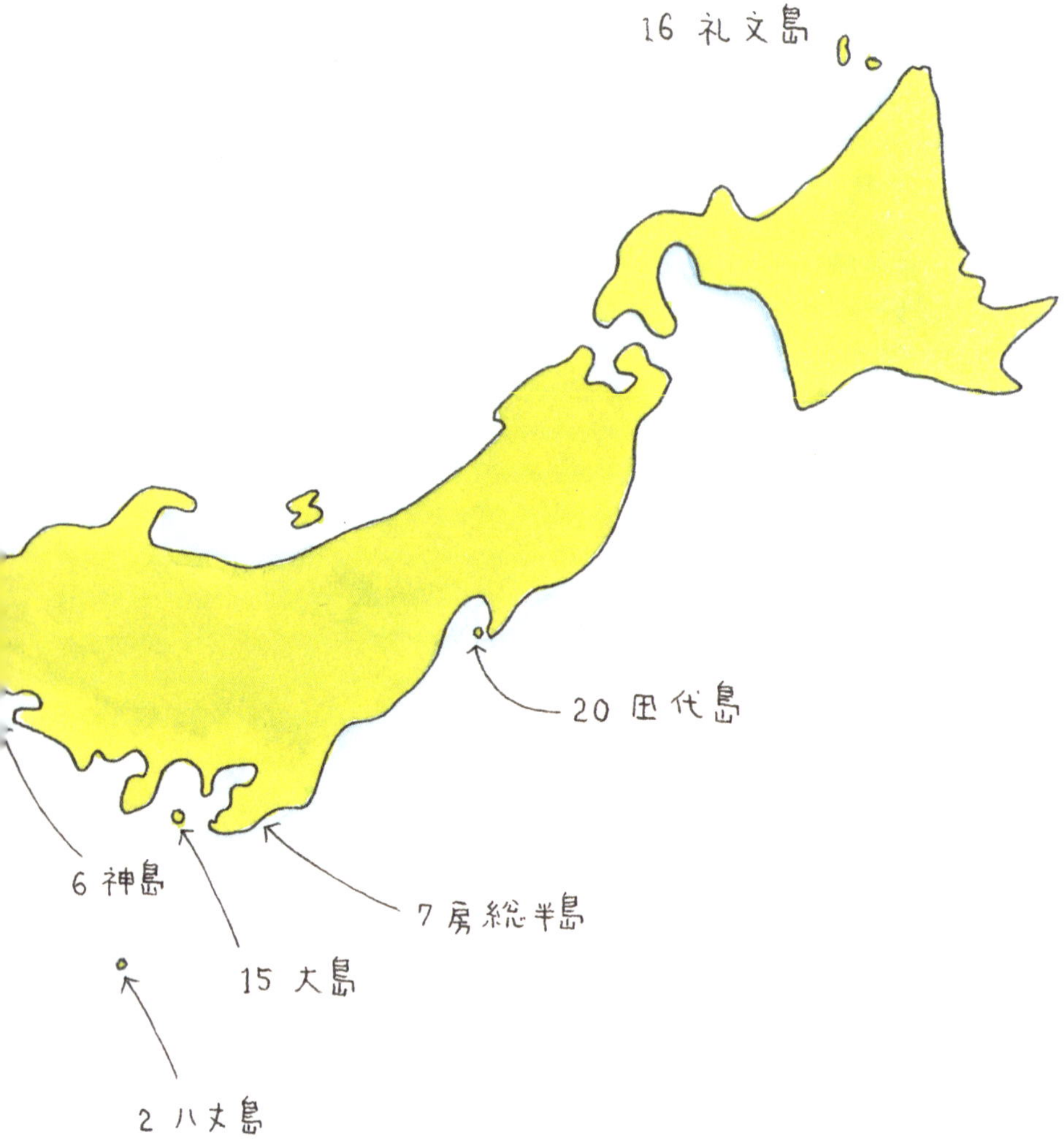
16 礼文島
20 田代島
6 神島
7 房総半島
15 大島
2 八丈島

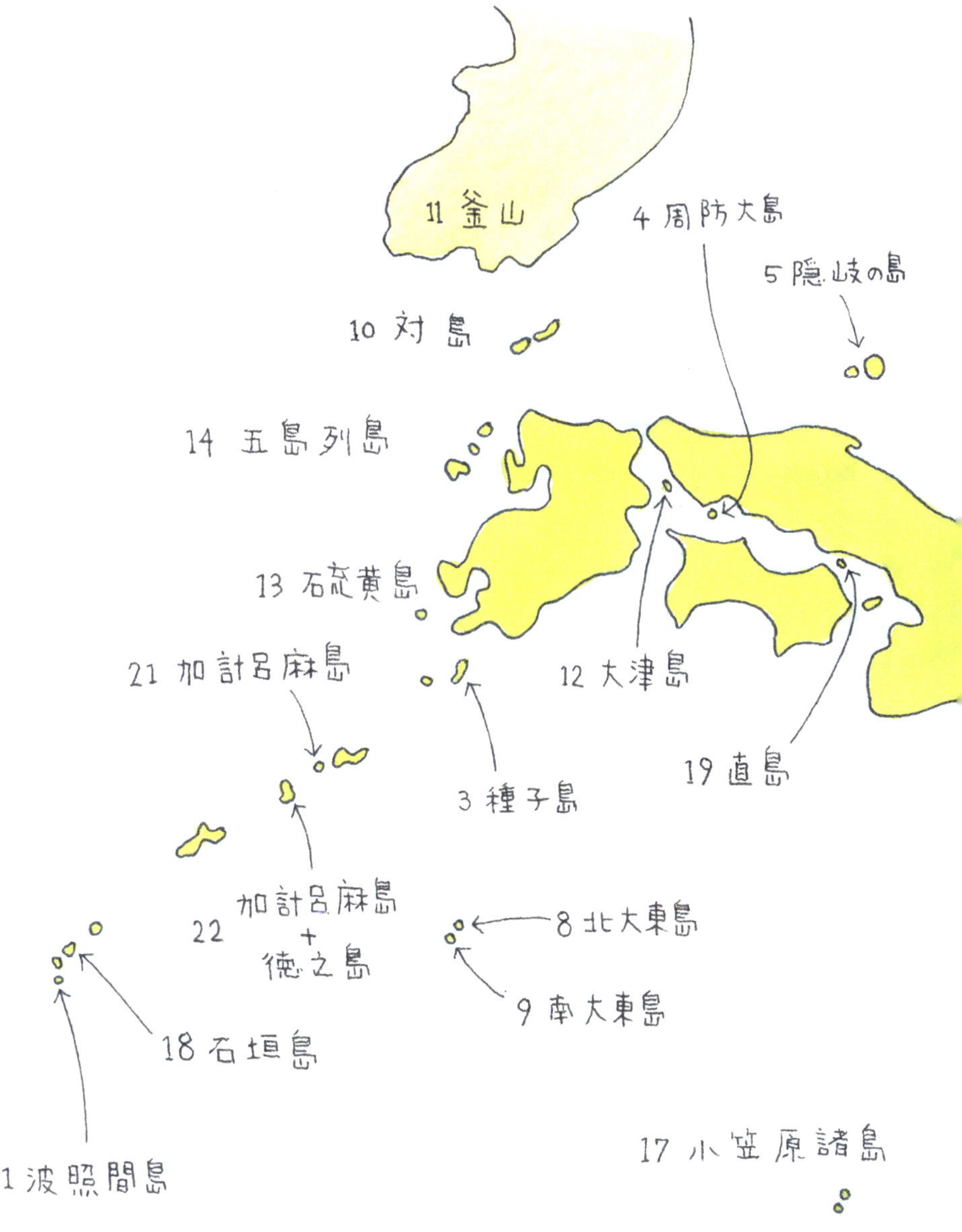
11 釜山
4 周防大島
5 隠岐の島
10 対島
14 五島列島
13 硫黄島
21 加計呂麻島
12 大津島
3 種子島
19 直島
22 加計呂麻島
+
徳之島
8 北大東島
9 南大東島
18 石垣島
1 波照間島
17 小笠原諸島

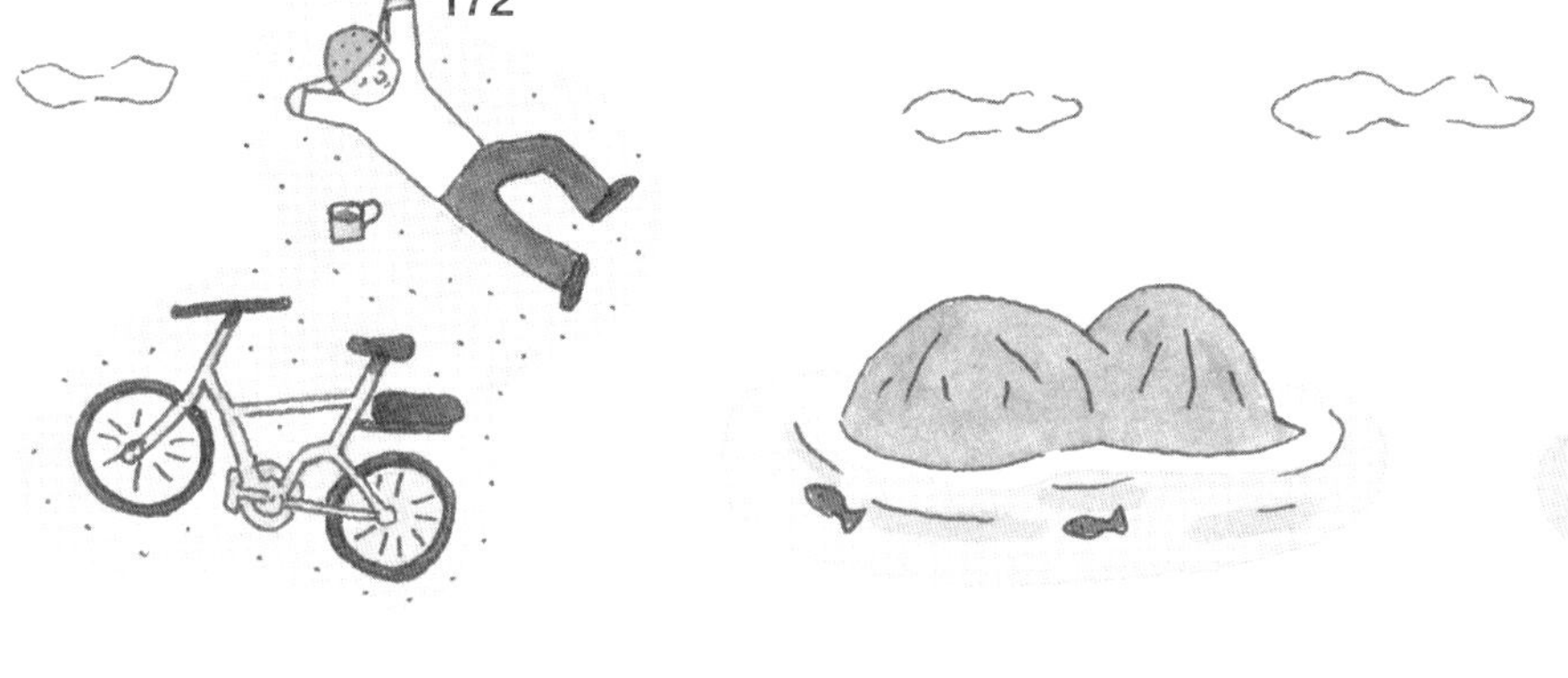

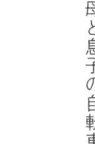

island trip 1

— 波照間島 —

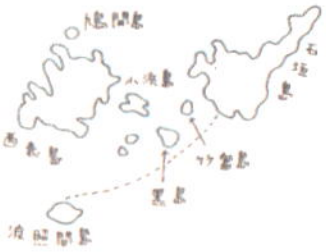

楽園は“日本のはじまりの島”に

ACCESS

石垣島の離島ターミナルから高速船で約１時間。安栄観光（片道 3,000 円）と波照間海運（片道 3,050 円）が、１日約７便運航している。また火、木、土にはフェリーはてるまが運航している。フェリーの所要時間は約２時間。片道 2,080 円。自転車 640 円。

サンダルみたいだな、と思った。

東京の街をすり抜けるように走って、浜松町駅でBD－1をパタン、パタンと折り畳む。そのままモノレールに乗せて羽田空港まで行き、航空カウンターで預けて飛行機に乗り込む。そして現地に着いて空港のバッゲージクレームでBD－1を受け取ったら、すぐに組み立てて走り出す。そのイージーな感覚が、サンダルをつっかけて外出しているような気分なのである。

普通の自転車だと、こうはいかない。ばらすのに手間がかかるし、外した両輪をきちんと専用の収納袋に入れなくてはならない。でもフォールディングバイクは、小さく折り畳めるし、パーツがばらばらにならないので、航空会社は裸の状態でも機内預かりの手荷物として扱ってくれる。一見不安に思えるけど、職員たちは自転車と認識して扱うから、ケースに入れて中身がわからなくなるよりも、かえって安心できる。それに何より、収納袋という厄介な荷物を旅の間に携行しなくて済むのである。

石垣空港を出た僕は、八重山諸島への船が発着する石垣港をめざして、BD－1のペダルを漕いだ。潮風の湿気を帯び、ブーゲンビリアやハイビスカスの香りが入り混じったような濃密な空気が全身を包む。南の島へやって来たことが肌で感じられて、つい顔がほころんでしまう。

港に着いたら、またBD－1をすばやく折り畳んで高速船に乗り込もうと思う。超過料金はかからないし、置く場所にも困らない。やっぱりこの手軽さは、サンダル感覚といっていいだろう。南の楽園には靴よりもサンダルが似合うわけだし……。

☆

自転車に限らず、オートバイ、バックパッキングなどで日本列島を旅する人は、最北端や最南端といった土地に理屈抜きで憧れる。

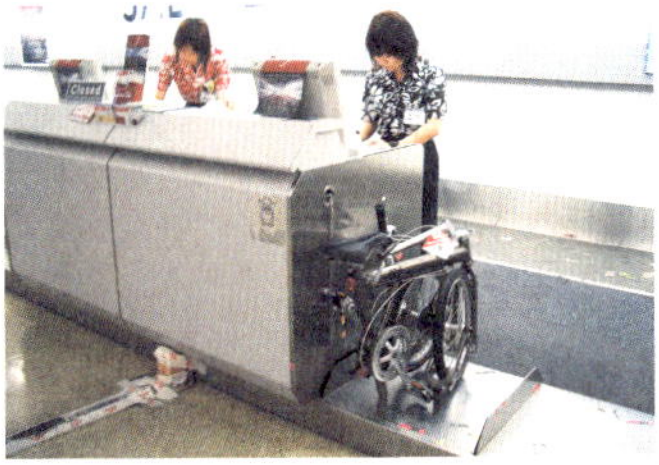

このとおり、BD-1は航空カウンターでそのままの姿で預けることができる。

僕はかつて耕うん機で日本列島を縦断した経験があるが、その旅のゴールも日本最南端の波照間《はてるま》島だった。

4年3ヵ月かけて（といっても連続ではなく、月に1週間くらいのペースの細切れ旅だが……）北海道からやってきた長い旅のゴールだったため、波照間島への思い入れは強かったが、日本縦断の旅の終着ということを抜きにしても、波照間島は魅力的な島だった。

旅人を吸引する魔力を持った島、といってもいいかもしれない。僕のように日本縦断の旅のゴールとしてたどり着いた旅人もいれば、美しい海や浜に焦がれた旅人、リストラにあって自分を見つめに来た旅人、のんびりしたくてふらりとやってきた旅人など、さまざまな旅人が日本全国からやってくるのだが、この島では誰もが穏やかな表情になる。老若男女を問わず誰とでも打ち解けられる、のどかで開放的な雰囲気が漂っているのだ。

不惑の年になって初めて訪れた僕は、旅を始めた二十歳の頃のようなときめきを感じてしまい、立ち去りがたいほど波照間島を好きになったが、この島は自転車にとっても楽園だった。

車はほとんど走っていないし、島の外から車を持ち込む人もいないから、車に脅えることなくのんびりと自転車を楽しめる。また珊瑚礁が隆起してできた島はほぼ平坦だし、島の周囲も14km程度なので、島全体が手頃なサイクリングコースになっている。さらにバスもないし、レンタカーもないから、訪れる旅人はみなレンタサイクルを使って移動する。そこに連帯感が感じられて、うれしい。

この自転車の楽園に、走りが軽快なBD－1を持ち込んだら、さぞかし楽しめるに違いない。そう思って夏のハイシーズンが去った9月下旬に波照間島にふらりとやってきたのだが、ひとつ誤算があった。

ガイドブックに掲載されている宿がどこも満杯なのである。しかもどの宿も9月いっぱいは予約で埋まっているという。

南の島は空から眺めても楽園だ。でもこれは波照間島ではなく伊良部島。

「何かイベントでもあるのですか？」と宿に訊ねても、「いや、そういうわけではない。混んでいる理由なんてわからん」とのことである。

波照間島ではキャンプも禁止されているから、宿が確保できないとなれば日帰りしなくてはならない。困ってインターネットで調べたら、ガイドブックに掲載されていない宿がヒットした。名前は『西浜荘』といい、素泊まりの相部屋のみで、1泊2000円の安宿である。

泊まれればどんな宿でもかまわない。そう開き直って、波照間港に着いた僕はまず最初に『西浜荘』へ向かったのだが、そこは想像どおりのラフな宿だった。

隣の部屋の音が聞こえる薄い壁の6畳間に布団が4つ並べてあり、陽光の射し込む窓はない。同室の男たちの匂いがこもっているし、共同トイレもシャワーも清潔とはいいがたい。

まあ、いいか。寝られればそれでいい。

そう納得し、僕は荷物を部屋に置いてBD－1で島の散策に出かけた。

波照間島の人口は600人程度で、島の住民はお互いが顔見知りだという。ホテルはないし、おみやげ屋が1軒あるだけで、観光客向けの施設はとくに見あたらない。宿が満杯とはいえ、宿泊客をすべて集めても100人に満たないだろう。石垣島からの飛行機が1日1便と、高速船が1日に3便だけだから、観光客が押し寄せることもない。

平成12年に島の有史初の殺人事件が起きたが、島の住民たちは犯人の目星がついていたという。都会から来た女性が浜で暴行されて殺害されるといった卑劣な事件だったが、「数日前から浜で野宿している若い男がいたな」「今朝の船で島を離れたぞ」と、住民のみんなが島を把握しているから、犯人はただちに逮捕された。波照間島はそんな島なのである。

集落の共同売店でペットボトルのお茶を買った僕は、平屋建ての赤瓦の民家が並ぶ集落を抜けて、最南端の地へと向かった。

中心の集落から最南端までは、約5㎞の道のりだ。見た目には平坦だけど、わずかながらの下

写真右）波照間島の浜で見つけたサイナンタンヤドカリ（もちろんウソ）。
写真左）八重山諸島を航海する高速船は、石垣島と波照間島を1時間で結ぶ。

り道になっており、南風を全身に浴びて、爽快な気分でＢＤ－１を走らせた。

Ｔシャツに短パン、足元はもちろんサンダルである。前傾姿勢にならず、背筋を伸ばしてペダルが漕げるＢＤ－１には、そんなラフなスタイルが合っているし、サトウキビ畑に囲まれた波照間島の道路にも似合っているように思えた。

最南端の地には日本最南端の碑と東屋があるだけで、自動販売機もなければ電気もない。なだらかな丘の先に荒々しい断崖があり、真っ青な海原が広がる。おみやげ屋や食堂が立ち並び、音楽が一日中流れる日本最北端の宗谷岬とは、ずいぶん趣きが異なる。どちらが好ましいかは、いうまでもないだろう。

かつて僕はこの地に立ったとき、日本の果てまで来たという感慨が起きなかった。南を向けば日本の端だろうけど、北を向けばここは日本のはじまりだ。この場所こそが日本の頂点なんだ、という気になったが、今回も同じ感想を持った。最南端である事実を抜きにしても、気持ちが安らぐ場所だし、これから何か新しいことができそうな自信と希望を、この地では旅人に抱かせてくれる。

南からの潮風を受けて東屋で寛いでいたら、若い男と30代前半と思える女性がレンタサイクルのママチャリでやってきた。

どちらからともなくあいさつをして「どこに泊まってるんですか？」と、会話が始まった。

ふたりはそれぞれ単独の旅人で、『星空荘』という宿で一緒になったという。宿を予約したのは3週間以上前とのことだった。

「台風シーズンだというのに、どうして宿がいっぱいなんだろう？」

「さあ？　大学生はまだ学校が始まってないみたいだし、オンシーズンを避けた旅人が今になって来ているかもしれませんね。夏の間はバースデイ割引も使えないし」

「なるほどなあ」

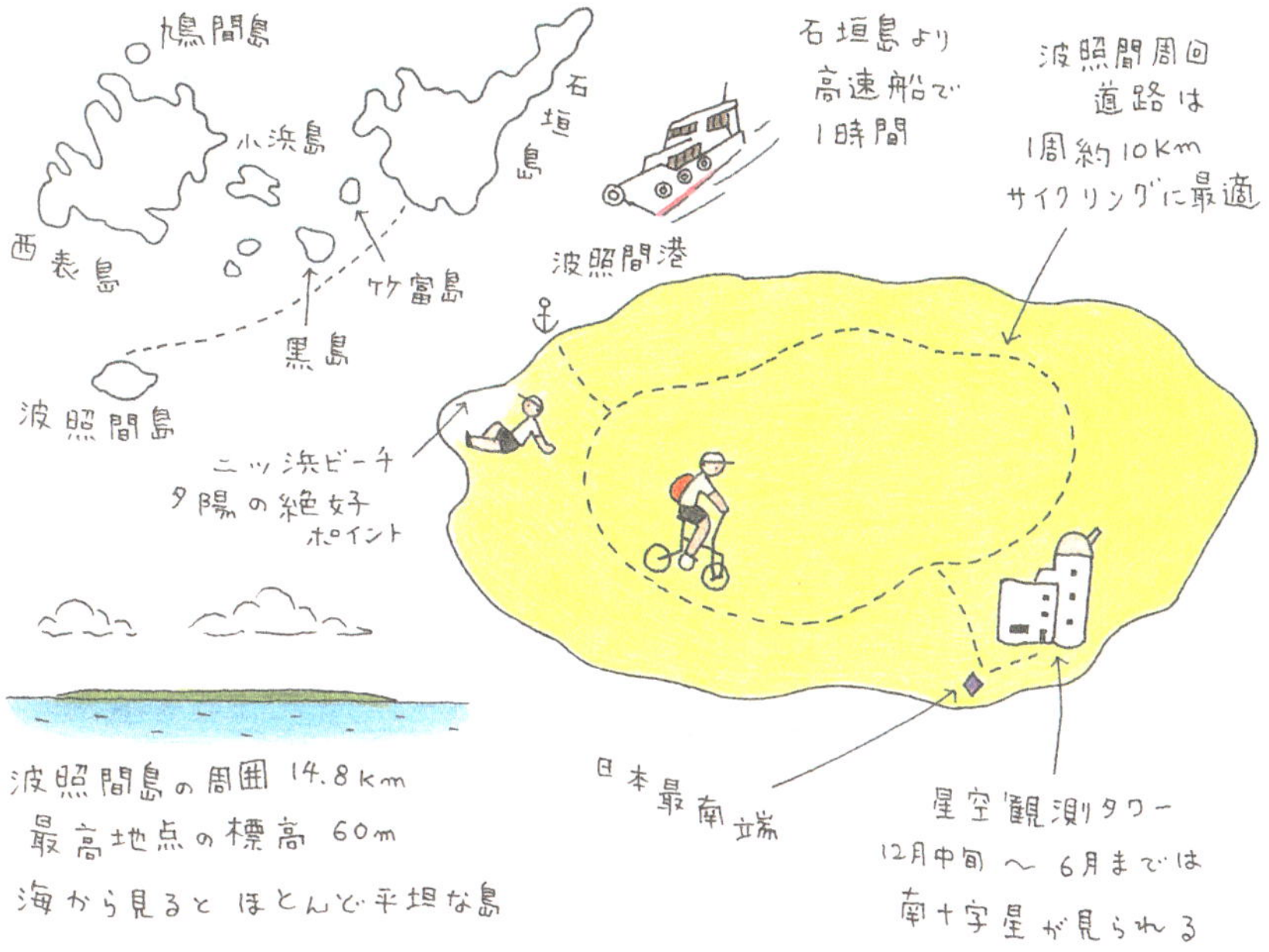

南の島のサイクリングはやっぱりサンダル、短パンがよく似合う。

波照間島を訪れる旅人が増えた理由のひとつに、航空会社のバーゲンフェアやバースデイ割引が挙げられる。全国一律1万円程度の料金だから、せっかくなら遠くへ行こうという心理が働き、東京や大阪から遠い八重山諸島への旅人が増えているそうだ。

ふたりは、国内外の格安航空券を扱う旅行会社のツアーに申し込んで波照間島に来たという。そのツアーは沖縄離島の自由旅行プランで、石垣島のビジネスホテルに1泊しなくてはならないそうだが、あとは自由にプランニングできる。東京から石垣島までの往復航空券と石垣島での1泊込みで、料金は4～5万円程度だというから、東京から石垣までの一般の往復航空券が10万円かかることを考えると格安である。

ふたりが去ったあとも、東屋でぼーっと過ごしていたら、今度は年配の3人組が自転車でやって来た。男性2名と女性1名で、彼らは僕と目が合うと、うれしそうな笑顔を浮かべて語り出した。

「私はね、ヨーロッパの最西端も最北端もアフリカの最南端にも行ったことがあって、今度は南極にも行くんですよ。日本の最南端にも行っておかなきゃと思って来たんだけど、ひさしぶりに自転車に乗ったもんだから、いやもう、疲れた、疲れた」

「自転車になんて普段は乗ったことないからね。もう50年ぶりになるかな」

3人は80歳になるという。その年齢で足腰が丈夫なのは立派だけど、僕はそれ以上に50年間も自転車に乗らずに過ごしてきたことのほうが驚きだった。

「ひさしぶりに乗ったもんだから、3人とも1回ずつ転んじゃった。車が通らないから安心だけど、これから港まで帰らなきゃならないから大変だあ」

3人は夕方の船で帰るという。一方的に話をしたあとに、最南端の碑の前で記念写真を撮って帰っていった。

その後ろ姿を眺めて、50年間自転車に乗ってなかった人を乗せてしまうなんて、ここは自転車天国なんだな、と感心した。

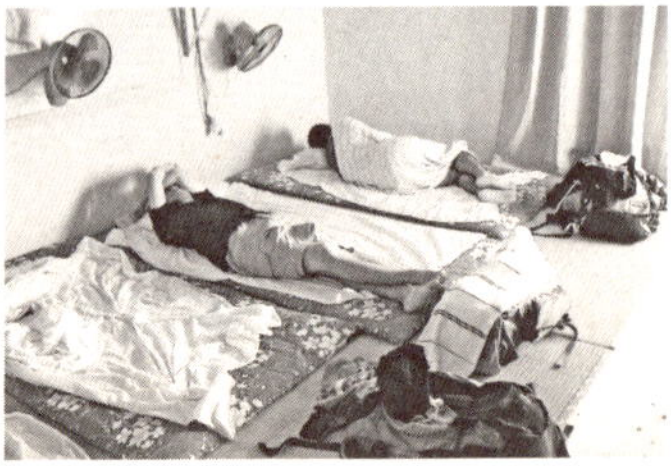

写真右）波照間の民宿の多くが相部屋だ。ひとり1台の扇風機がありがたい。
写真左）これが『民宿たましろ』の食事。とてもじゃないが、食べ切れない。

☆

島に来たときは薄曇りだったが、夕方近くになると次第に晴れ間がのぞくようになった。

砂が美しいニシハマビーチで夕暮れの風景を眺めたあと、名前のとおり屋外にテーブルが並ぶ『青空食堂』でカレーライスを食べ、かつて世話になった『民宿たましろ』に向かった。

『民宿たましろ』は、島好きの旅人たちには知られた存在である。夕食も朝食も普通の食事の3倍以上ある量が出されるし、夕食は庭の広いテーブルで泡盛のサービスとともにいただき、食後はそれぞれが自己紹介して飲み語らう。

ひと時代前のユースホステルに似ているが、宿の主人の玉城さんは自分が前面に出るのではなく、「では、ぼちぼち自己紹介をどうぞ」と差し向けるだけで、あとは宿泊者たちの自主性にまかせている。強制するわけではないし、南の島の開放的な雰囲気のなせる業なのか、宿泊客たちは年の差も関係なく、素直に語り合って打ちとけていく。

今回は満室だったために泊まれなかったが、ひとり旅でも楽しめる和んだ雰囲気だけは味わいたくて、僕は足を運んだのである。

「よう！　トラクター！」

『民宿たましろ』に着いたら、いきなり声をかけられた。20年以上前に波照間島に移り住み、島で唯一のおみやげ屋『モンパの木』を営んでいるカドさんだった。耕うん機でこの島まで来た経歴を持つ僕は、島では少し知られた存在なのだ。

「トラクターじゃなくて、耕うん機ですよ。今回は自転車なんですけどね」

「自転車なんて似合わねえなあ。まあ飲め」とカドさんにいわれ、玉城さんにも「この人は有名な方なんですよ」と紹介されて、僕は輪の中に入った。

泊まっていたのは15名程度で、以前泊まったときと同じく、年齢も職業も雑多な人々が集まっ

波照間のニシハマビーチは朝も昼も夕暮れも、そして夜中も美しい。

ていた。女子大生もいれば新婚夫婦、公務員、プータロー、自称映画女優など、宿泊者の傾向も何もあったもんじゃなかった。

やがてギターと三線による『秋ののど自慢大会』が始まった。いつも行なっているわけではなく、何かのきっかけで突発的に行なわれるみたいである。前回ここに泊まったときは、玉城さんに誘われてみんなで海辺に行って合唱会が行なわれたが、曲目は『走れトロイカ』や『雪の降る街』『ペチカ』など、なぜか寒い土地の歌ばかりだったことを覚えている。

この日は『たましろプレシャスナイト』というオリジナル曲をつくった山本マリさんが泊まっており、彼女の独唱やみんなが歌える『島唄』や『涙そうそう』などが続いた。

たまに顔を出しているカドさんも三線や自作のパーカッションなどを持ち込んで、達人級の八重山民謡や島唄を披露してくれた。そして演奏が一段落したところで外に出たら、空には満天の星が広がっていた。

「すげえ！　天の川がくっきり見える！」

「星が多すぎて、星座がわからないヨーッ！」

空を見上げて、みんな大興奮である。

波照間島の星空は日本一、といっても過言ではない。日本の空はジェット気流に覆われて大気が揺らいでいるが、ここら一帯の上空にはこの気流がなく、星がくっきり見えるといわれている。さらに南海の孤島だから空気は澄んでいるし、島の周囲にはほとんど灯りがなく、地形も平坦なので空一面の広い星が眺められるのだ。

「よっしゃ、浜に行こうか」

カドさんの提案で、泡盛と三線を持ってニシハマビーチへ繰り出すことになった。

月もなく、外灯もないんだけど、ライトはいらない。星明りだけなのに、足元がぼんやりとわかるのだ。

写真右）ニシハマビーチは夕暮れになると旅人が集まり、静かに時を過ごす。
写真左）『民宿たましろ』の夜の光景。毎晩このような酒宴が開かれるのだ。

空には満天の星
海には夜光虫
星空の浜の三線ライブ

浜に着いた僕らは車座になって座り込み、一升瓶の泡盛を回した。波の音によく合うカドさんの三線に酔いしれていると、闇の中から人々の影が現れた。

「こんばんは。一緒に聞いてもいいですか？」

若い女性の声だ。聞けば、彼女たちは僕が泊まっている『西浜荘』の宿泊者たちだった。

みんなで横になって、泡盛を回す。やがて大きな声が闇に響いた。

「流れ星だーっ！」

えっ？　どこどこ？　と声があがったが、夜空を見上げていると、10分に1回くらいの割合で流れ星が見える。そのたびに酔っぱらいたちの戯言が響いた。

「カネ、カネ、カネーッ！」

「オンナーッ！」

「イイオトコーッ！」

「何言ってんの。そんな願いが叶うわけないじゃないの」と、暗闇で顔も知らない旅人たちの距離がぐっと縮まった。

僕は美人のように思える（暗くてわからないのだ）『西浜荘』の女性たちに声をかけた。

「いいものを見せてあげる。海に来てごらん」

彼女たちを波打ち際に誘い、僕はサンダルを脱いで膝上まで海に入った。そして足を動かしてバシャバシャと波を立てると、思惑どおり海の中でキラリと光った。

「ほら、これが夜光虫。かきまわして刺激を与えると光るんだ」

「おもしろーい！」

彼女たちも海に入ってバシャバシャと波を立てた。空に浮かぶ満天の星と、海にきらめく夜光虫。そして波の音と三線の響き。これぞ、まさに楽園ではないか。

顔が見えない女性たちと南の島のきらめきを堪能していたら、浜ではカドさんが『はいさいお

写真右）ざわわ、ざわわ♪と口ずさみたくなるサトウキビ畑の中の1本道。
写真左）花はハイビスカスやブーゲンビリア。それが南の楽園の象徴かもね。

じさん』を演奏し始めた。

そのリズムに誘われて、みんな立ち上がって好きなポーズで踊っている。暗くてよく見えないから、踊りが下手だろうが関係ない。

写真を撮ろうとカメラのストロボを焚いたら「ワアーッ!」と奇声があがった。

ストロボの閃光に一瞬浮かんだのは、素っ裸になって踊っている中年男だったのである。

「ストロボを焚くなあ」と男は騒ぎ、女性たちも「そのきたないモノをしまってよ」とまくし立てる。星空の浜の宴は一段と盛り上がり、南の楽園ならではの非日常的な時間を、僕らは心ゆくまで楽しんだ……。

☆

3度目の波照間島だったけど、日本最南端の島ならではの、旅人を惹きつける魔力は少しも衰えてはいなかった。

誰が訪れても、きっとこの魔力からは逃れられないだろう。

帰りたくないなあ、と未を感じながら、2日後に僕は波照間島を離れた。

来たときと同じようにBD－1を折り畳んで高速船に乗り、そして『民宿たましろ』や『西浜荘』の旅人たちに見送られて。

島を去るときは胸がしめつけられる。そしてまた来ようと固く誓う。

island trip 2

— 八丈島 —

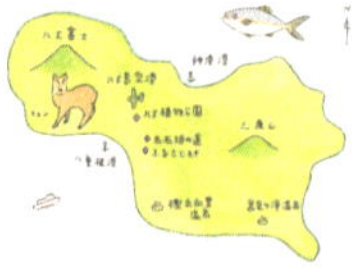

ひょっこりひょうたん 八丈島

ACCESS

竹芝桟橋より大型客船『さるびあ丸』が毎日就航。東京22時20分発八丈島着9時25分。2等運賃8,040円。自転車1,830円。輪行袋に入れた場合は500円。羽田〜八丈島の飛行機はANAが1日3便就航。片道20,900円。

石の丸みに
心が和む
陣屋跡の玉石垣
石の総数は
10629個！
MITSUO

「発達した低気圧の影響を受けまして、三宅島、御蔵島《みくら》経由の八丈島行き航路は条件付きの運航になります」

出航1時間前の午後9時半に竹芝桟橋へ着くと、アナウンスが流れていた。定刻に出航するが、島に着岸できるかどうかは明日の朝になってみなければわからないとのことで、だめな場合は竹芝に引き返すそうだ。窓口の職員の話によれば、冬場は海が荒れやすく、3日前も着岸できず欠航になったばかりだという。

しょっぱなからスリリングな展開だけど、海で隔てられた島へ旅に出るって、こういうことなんだなと、あらためて思った。

自転車は出航30分前までに専用カウンターで預けなくてはならない。自転車として運ぶこともできるが、その場合の料金は1830円で、輪行袋に入れて預ければ500円で済む。当然、後者の方法でカウンターに輪行袋に入った自転車を預けた。今回の旅のパートナーは、フォールディングバイクのジャイアントMR4Fだから、一般の自転車に比べたらパッキングは手間ではない。

船の2等船室に乗り込んで寝床を確保したら立ち上がる気も起きなくなり、船の揺れを感じているうちに深い眠りに落ちていった。

翌朝5時半に、三宅島到着を告げるアナウンスが流れた。

そうか、三宅島へも着岸できるんだ。噴火後の三宅島ってどうなってるんだっけ？　見ておこうかな……と多少の意識も働いたが、船の揺れも手伝って夢うつつ状態で、再び眠りに落ちた。

☆

八丈島に上陸して最初に言葉を交わした相手は、オーストリア人のカップルだった。

乗船待合所で輪行袋に入れてきた自転車を組み立てていたら、雨宿りをしていた長身のバック

他の伊豆諸島と同じく、八丈島でもアロエがあちこちで見られた。ケガしたときすぐ使えそう。

パッカーに声をかけられた。

「バス、ドコデスカ？」

「いや、知らない。僕は今着いたばかりで、八丈島は初めてだから」

僕が島の住民に見えたのか、それともリピーターだと思ったのだろうか。ともあれ、僕は彼の質問を聞いて、あれ？　と思った。竹芝からの船にふたりは乗船していなかった。この待合所に彼らがいるのは、竹芝へ戻る船に乗るからではないのか？

「ノー。カエル、アシタ」

彼は片言の日本語で説明した。ふたりは八丈島に3日間滞在して、今日の船で帰ろうと港へ来たのだが、彼女が急に帰りたくないと言い出したため、滞在をもう1日延ばしたとのことだった。

ふたりはステファンとヴェロニカ、と名乗った。ステファンは1年半前から京都の大学に留学中で、ヴェロニカは彼を慕って来日した。1ヵ月ほど一緒に旅をしたが、彼女は明後日の飛行機で帰国する予定だという。

ふたりが宿泊の延長を決めた宿が船見荘だと聞いて苦笑した。僕も同じ宿なのだ。素泊まり1泊3000円ポッキリという宿代は、八丈島でもダントツの安さである。建物やサービスの内容は推して知るべしだが、お仕着せの夕食が出される旅館よりも好きな時間に好きな物を食べに出かけるフレキシブルな素泊まりスタイルのほうが、気まぐれで貧乏性な旅人の僕には合っている。それに普通の宿では出会いそうにない旅人たちにも、こうして出会えるわけだし。

外は雨が降り続いており、白いビニールのカッパを着たふたりは思案に暮れていた。船見荘までの道は、自転車の僕にとってはたいしたことないけど、歩くとなれば1時間近くかかるだろう。

待合所には僕ら以外に釣り客がひとりいて、出迎えの車を待っていた。その車が到着したとき、僕は車から降りた男性に頼んだ。

2日目の夕食はちょっとぜいたくに島寿司を食べた。タレに付けた白身魚とカラシが合う。

「船見荘の近くを通るようなら、このふたりを乗せてってもらえませんか？」

「ああ、いいよ」

あっさりと受け入れられた。ステファンに「この人が乗せてくれるって」と伝えると、彼は「アリガトウ！」と握手を求めてきた。

僕はふたりが乗った車を見送ったが、その車のナンバーを見て、そうか、ここは竹芝から３００㎞近く離れた南の島だけど『品川』なんだな、と感心した。

☆

宿にチェックインして近くの食堂で大盛りのラーメンを食べたあと、レインウエアを着て自転車で島を走りに出かけた。

真上から見るとひょうたんの形をした八丈島は、地理を把握しやすい。上のたんこぶになだらかな八丈富士がそびえ、下のたんこぶにはごつごつした三原山がある。くびれの両側に港があり、その線を結んだ一帯に空港や役場など、島の中心街が広がる。

自転車のコースとして最適なのは、上のたんこぶ、八丈富士周回道路だ。険しい三原山の周回道路は急勾配の道路の連続だが、八丈富士周回道路は平坦で、優美な海岸の景色を眺めながら気分よくペダルを漕ぎ続けられる。約17㎞という周回道路の距離も手ごろである。

やっぱり島は自転車にとってのパラダイスだな、と走り出してすぐに思った。

なんせ、車がほとんど走っていないのだ。道路を独占して気持ちのいい風景の中を走ることができる。逆の見方をすれば、島を旅する手段として自転車は最適だと思う。島はバスの便が少ないからステファンたちのように移動に苦労するが、自転車があればどこでも行ける。つまり、島のスケール感と自転車の行動範囲はジャストフィットだといえる。

写真右）いつもくっついている陽気なステファンとヴェロニカ。君たちに出会えてよかった。ありがとう。
写真左）無料混浴露天風呂の裏見ヶ滝温泉。名のとおり温泉の横に滝がある。水着着用が原則。

八丈島を半周したことで島に馴染めた気になった僕は、食料の買い出しをしておこうと、船見荘近くの食料品店に入った。

聞き慣れない発音が背後から聞こえたので、振り向くとステファンとヴェロニカが買い物をしていた。買い物かごに入っている商品はカップスープやバターロールなど、僕と同じようなものばかりで、またも苦笑した。

翌朝も雨だった。

港に向かうステファンとヴェロニカを船見荘の玄関で見送ったあと、今度は三原山側を巡ろうと自転車を走らせた。

八丈島が流人の島だったことは、広く知られている。その歴史的事実から八丈島に対して、最果ての寂寥感が漂うイメージを漠然と抱いていたが、実際の印象は違った。

季節は真冬で、雨が降っているというのに、風景が穏やかに感じられる。厳しくない、といったほうが合っているかもしれない。常緑樹に覆われた温暖な気候だし、黒潮の海は魚影も濃い。この島なら流されてもいいなあ、というのが正直な感想だが、事実、島での流人の生活は自由であり、島民は流人を罪人扱いせずに親しく交際したという。

流人たちは建築や産業、教育などを島に伝え、島の女性と所帯を持つ者も多かったと、文献に残っている。陣屋跡の玉石垣や木造古民家など、優れた遺物が八丈島のあちこちで見られるが、それらは流人の文化と、異文化を受け入れる島民の気質が生んだ賜物といえるだろう。

そういった史料がたくさん展示されている八丈島の歴史民俗資料館を見学したあと、自転車を走らせて島の南側の温泉をめざした。

火山の島である八丈島は三原山周辺を中心にいくつもの温泉が点在している。その中から無料の混浴露天風呂（ただし水着着用）、裏見滝温泉を選んだ。

温泉には男性の先客がいて、どこから来た？　いつまでいる？　といった質問を受けた

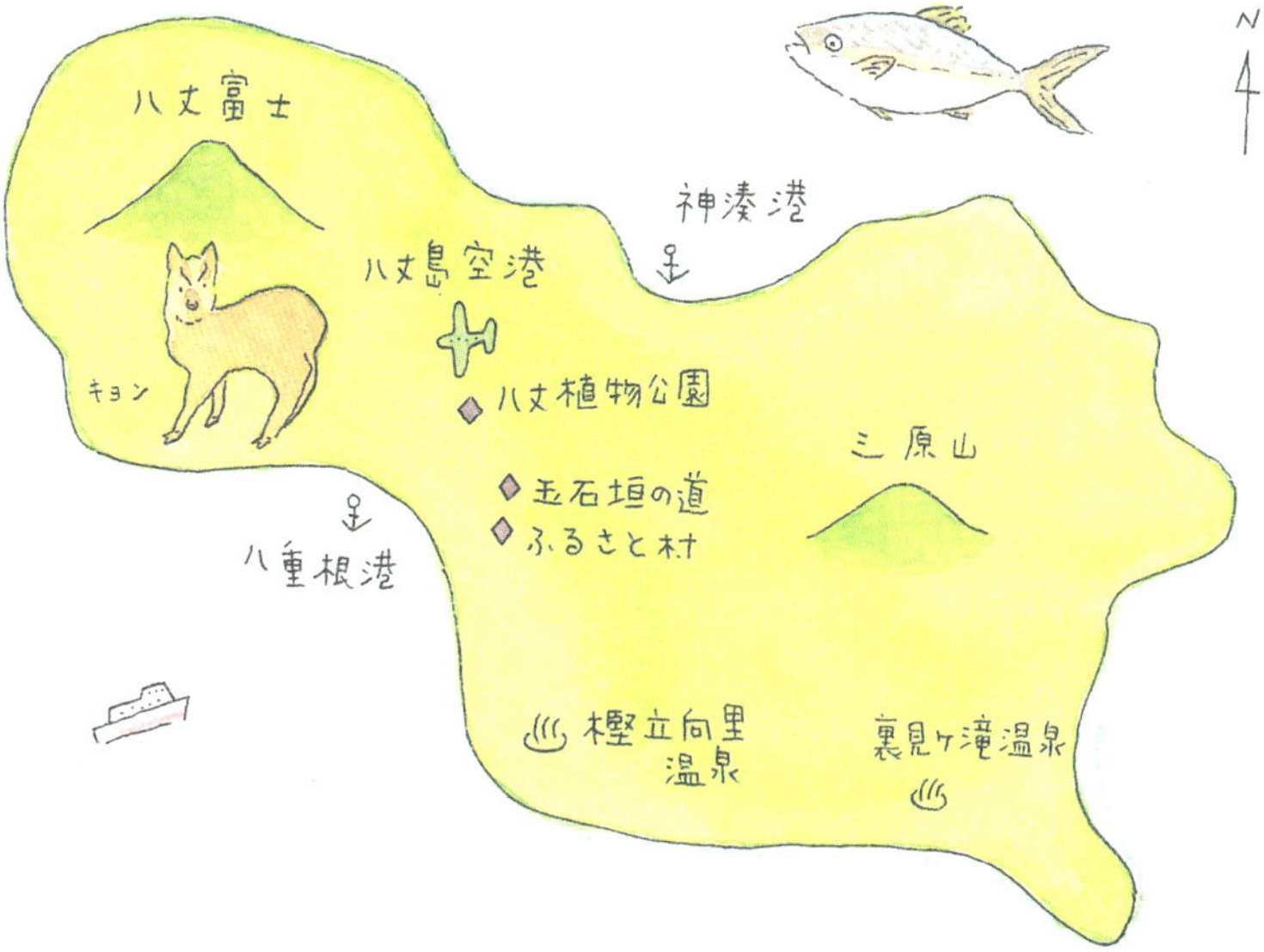

島旅の自転車は、フォールディングバイクでありながらロードの走りが楽しめるジャイアントMR4F。

「この時期の海は荒れるからな。今日もフェリーは欠航だ。明日も欠航するかもしれん。どうしても明日中に帰らなきゃいけないなら、今のうちに航空券を買っておいたほうがいいぞ。フェリーの欠航が決まってから買いに行くと満席になるかもしれんし、それに当日は17300円するが、前日に買えば10600円で買える。フェリー代と2000円くらいしか変わらん」

彼の話によれば、フェリーも飛行機も払い戻しが利くから（ただし欠航しなかった場合は数百円程度の手数料がかかる）、保険として航空券も用意しておけ、とのことだった。

風呂から上がった僕は、彼のアドバイスに従って航空券を買うために空港へと向かった。

そして自転車を走らせながら、そういえばステファンとヴェロニカはどうなったのだろう？　と思った。

明日の飛行機でベロニカはオーストリアへ帰らなくてはならないから、今日中に島を離れなければ間に合わない。フェリー欠航のあと、ちゃんと対処できただろうか、と心配になった。

空港に着いた僕は、明日の昼に発つ航空券を確保することができた。これで一安心だ。フェリーと違って飛行機は波の影響を受けないから、大丈夫だろうとのことだった。

買ったばかりの航空券をしまっていたら、「ハーイ！」と声をかけられた。

ステファンとヴェロニカである。フェリーの欠航を知って空港へ来た

ふるさと村に展示されている高倉式の穀物貯蔵庫
東南アジアに来たみたい

が、本日はどの便も満席だといわれたという。

しかし事情を知った人々が手助けしてくれて、最終便の飛行機を確保できたそうだ。

「タカイ！」と嘆くステファンだが、席を確保できただけでもよしとすべきだろう（自分が格安航空券を買えたことは告げられなかった）。

やがて空港の職員に案内されて、ふたりはロビーの奥へ入っていった。なるほど、八丈島は異文化の流人を優しく受け入れた島だったっけ、と彼らの後ろ姿を眺めて思った。そして八丈島の歴史民俗資料館で読んだ流人の文献が浮かんだ。

流人たちには付添人や子どもが従うことは許されていたが、妻は同行を許されなかった。また八丈島は男性よりも女性のほうが常に数が多い島であり、島の女性たちは流人の男性に関心を寄せていたため、自然の成り行きで流人と島の女性が結ばれるケースが多かったようだ。流人の現地妻たちは『水汲み女』と呼ばれており、仲睦まじく八丈島で暮らしていた。しかし、御赦免になると流人たちは水汲み女を、さらにその子たちも八丈島に置き去りにして本土に帰らねばならない。八丈島は数多くの悲しい恋愛ドラマが秘められた島でもあるのだ。

「さよなら、ステファン！　ヴェロニカ！」

日本語で声をかけると、仲睦まじいふたりは振り向いて僕に大きく手を振った。

旅のおこづかいメモ

2月27日

八ヶ岳→新宿（高速バス）	¥2,300
竹芝桟橋→八丈島（船）	¥7,930
自転車航送代	¥7,930
食料買い出し（おにぎり2個、パン、お茶）	¥466
毛布貸し出し代	¥100

9月28日

宿泊代（2泊分）	¥6,000
昼食（大盛りラーメン）	¥450
歴史民俗資料館入館料	¥360
食料買い出し（パスタ、パスタソース、バナナ、カップスープ、バターロール、缶詰）	¥840
缶ビール	¥150

3月1日

昼食代（カップヌードル、あんぱん）	¥525
夕食（島寿司、トビウオ）	¥230

3月1日

八丈島→羽田（飛行機）	¥10,600
羽田→新宿（リムジンバス）	¥1,200
新宿→八ヶ岳（高速バス）	¥2,300
昼食（カレーライス）	¥650

合計 …… **¥36,550**

4日間の走行距離 …… **77.8km**

island trip 3

— 種子島 —

種子島で 宇宙へ続く道を走る

ACCESS

鹿児島港より高速船トッピーとロケットが1日10便ほど運航。所用時間は約90分。屋久島経由の高速船もある。運賃は片道5,700円。フェリーはプリンセスわかさと共同フェリー運輸の新さつまと新種子島丸が運航。所要時間は約3時間30分。運賃は2等3,600円。自転車500円。飛行機は大阪伊丹空港からJACで1日1便、所要時間1時間30分。運賃32,600円。鹿児島からJACで1日3便、所要時間35分。運賃12,600円。

世界一美しいと
いわれる
ロケット発射場
次回の打ち上げは未定
打ち上げ当日は
発射場から
半径3km以内は
立ち入り禁止
となる
こんな光景
見てみたいなぁ…

ロケットに乗ってみたいと、小学生のときにアポロ11号の月面着陸を見て思った。それは自分ひとりの想いではなく、当時の小学生の総意だったはずだ。アームストロング船長の名を知らない小学生はいなかったし、「これはひとりの人間にとっては小さな一歩だが、人類にとっては偉大な一歩である」という名言も小学生の胸に焼き付いた。

あれから三十余年。そんな夢を描いた時代が自分にもあったっけ……と、当時の夢を思い起こして種子島へと旅に出た。

種子島の南には宇宙センターがあり、人工衛星を運ぶためのロケットが打ち上げられている。ロケットの打ち上げに合わせて旅の日程を組めばさぞかしドラマチックな旅になるだろうが、次回の打ち上げは未定だし、天候によって順延もしばしば起きる。実物のロケットや発射台の見学だけでも楽しめるだろうと、宇宙センター内の宇宙科学技術館が主催する見学ツアーに申し込んでから出発した。

我が家から種子島へ行く場合、羽田から鹿児島へ飛んで、鹿児島で種子島行きの飛行機に乗り継ぐのが手っ取り早いが、あえて空路は使わずにバスや夜行列車、船を乗り継いで種子島へ向かった。そのほうが自宅から種子島までの距離を体感できるし、それに宇宙へ飛び立つロケットを見るためにスローな乗り物を乗り継いで最後は自転車で走ってきた……なんて、かっこいいんじゃないかなと思ったのだ。

自宅から名古屋まではバス、名古屋から熊本までは寝台列車、熊本から鹿児島まではリレー新幹線『つばさ』、そして鹿児島からは高速船に乗り、自宅を出てから24時間25分後に種子島の西之表港へ到着した。

ターミナルを出て、長距離を輪行してきたジャイアントのＭＲ４Ｆを組み立てていたら、背後から男性の声が聞こえた。

「あ、はい、ナカムラです。すみません、これからロケットに乗りますから、あとで電話します」

写真右）種子島宇宙センター内にある宇宙科学技術館の前には実物大のロケットがそびえる。入館は無料で、月曜日が休館日。
写真左）宇宙センターの職員食堂で食べた日替わりランチ。鶏肉の卵とじは美味だったし、そばもついて500円は安いと思う。

えーっ！　ロケットに乗るだって!?　この人、宇宙飛行士か!?

びっくりして振り向いたらそこには背広姿の男性がいて、携帯電話で話をしていた。

自分の勘違いに気がついて僕は苦笑した。

鹿児島と種子島、屋久島を結ぶ高速船には『トッピー』と『ロケット』という名前の高速船があるのだ。彼は何の違和感もなく、いつものように高速船の『ロケット」に乗る、と話していただけだったのである。

ターミナルの前にはロケットの置物があるし、島民たちはあたりまえのように『ロケット』に乗っている。

「宇宙に最も近い島」と書かれたキャッチコピーに偽りはない、と種子島に到着してすぐに思った。

☆

初日は西之表港近くの安宿に素泊まりして、翌日は宇宙センターに向かって自転車を南へと走らせた。

梅雨入り前の最後の晴天とのことで、鮮やかな青空が広がっている。暑くもなく、自転車の旅には最高の気候だった。

種子島を縦断している主要道路は、鹿児島を起点にして那覇まで続いている国道58号線だ。現実には走れない海の上も海上区間として設定されており、全長７５０キロを超える日本一長い国道なのである。

偶然にも僕はこの国道58号線の陸上部分をこれまで自転車で走っていて、種子島だけが抜けていた。今回の旅で国道58号線自転車走破が達成されることになったわけだが、予想に反して種子

写真右）天気がよかったこともあり、島のいたるところに美しい海岸があった。ここは浸食された洞窟が見事な千座の岩屋だ。
写真左）島の中央の坂井神社には、高さにおいて日本一（7m）というソテツがある。樹齢は600年以上と推定されている。

島の国道58号線は走りやすかった。奄美大島はきついアップダウンがあるのに、種子島はほとんどフラットな地形で、ペダリングが楽なのである。

海岸の風景も美しく、潮風を切って走ることが気持ちよくて、いい汗を感じて自転車を走らせた。すると途中でホンダのスーパーカブに乗った女子高生とすれ違った。

本物だ、と感動した。高校生が通学に使うオートバイといえばスクーターが一般的だが（うちの近所の高校も原付のスクーターに限って通学が許可されている）、種子島高校ではスーパーカブに限って通学が許可されており、高校生は全員スーパーカブに乗っているのである。スーパーカブのオーナーであり、スーパーカブで日本全国を旅している僕としてはその事実がうれしい。しかも種子島の高校生たちはスクーターよりもスーパーカブのほうがかっこいいと思っているようなのだ。

スーパーカブはいわずとしれた世界のベストセラーバイクで、誕生から50年が経っているのに、基本デザインはほとんど変わっていない。そして燃費はいいし、壊れないし、乗りやすい。スクーターよりもずっと安全で実用的な乗り物なのである。モノを長く大事に使う心を育てるためにも日本全国の高校生がスーパーカブに乗ればいいと思う。

ところで、どうして彼女はこの時間にいたんだろう？　早退かな？　と思いながらペダルを漕いだ。そして中間地点の中種子町で地図を眺めていたら、自転車のかごにミニチュアダックスを乗せたおじさんに声をかけられた。

「どこへ行く？　わからないことがあったらなんでも聞きなさい」

このあと宇宙センターへ行くと告げたら、彼はいった

「その前に『千座《ちくら》の岩屋《いわや》』へ行きなさい」

海岸に奇岩が並んでいて観光名所になっているという。正直、観光名所といわれる場所にはあまり関心がない。でも気ままな寄り道こそ自転車の旅の魅力だし、先を急がないことが島旅を楽

これが時速80kmで海上を突っ走る高速船、ロケットである。旅の船としては速すぎておもしろみに欠ける。

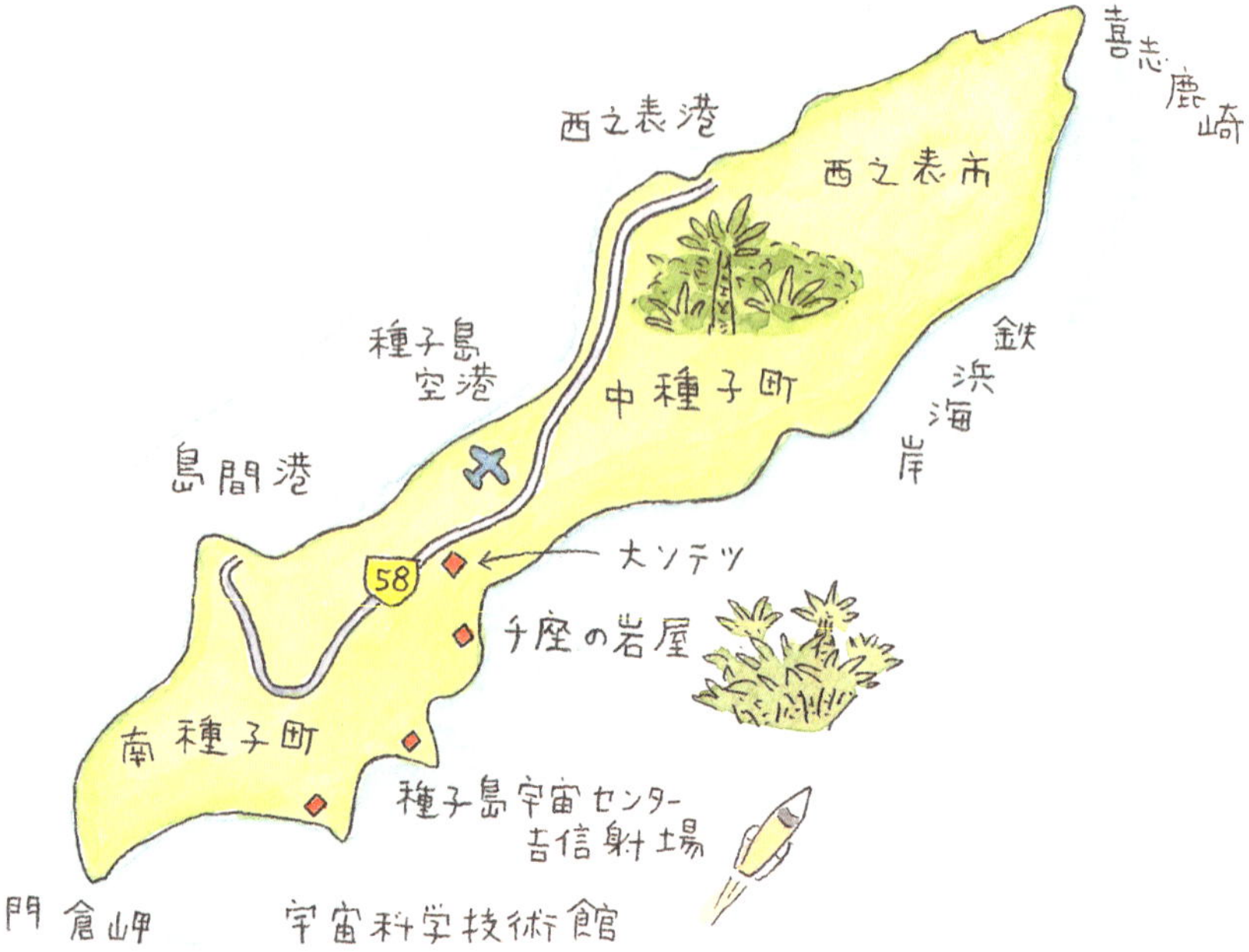

千座の岩屋(ちくらのいわや)

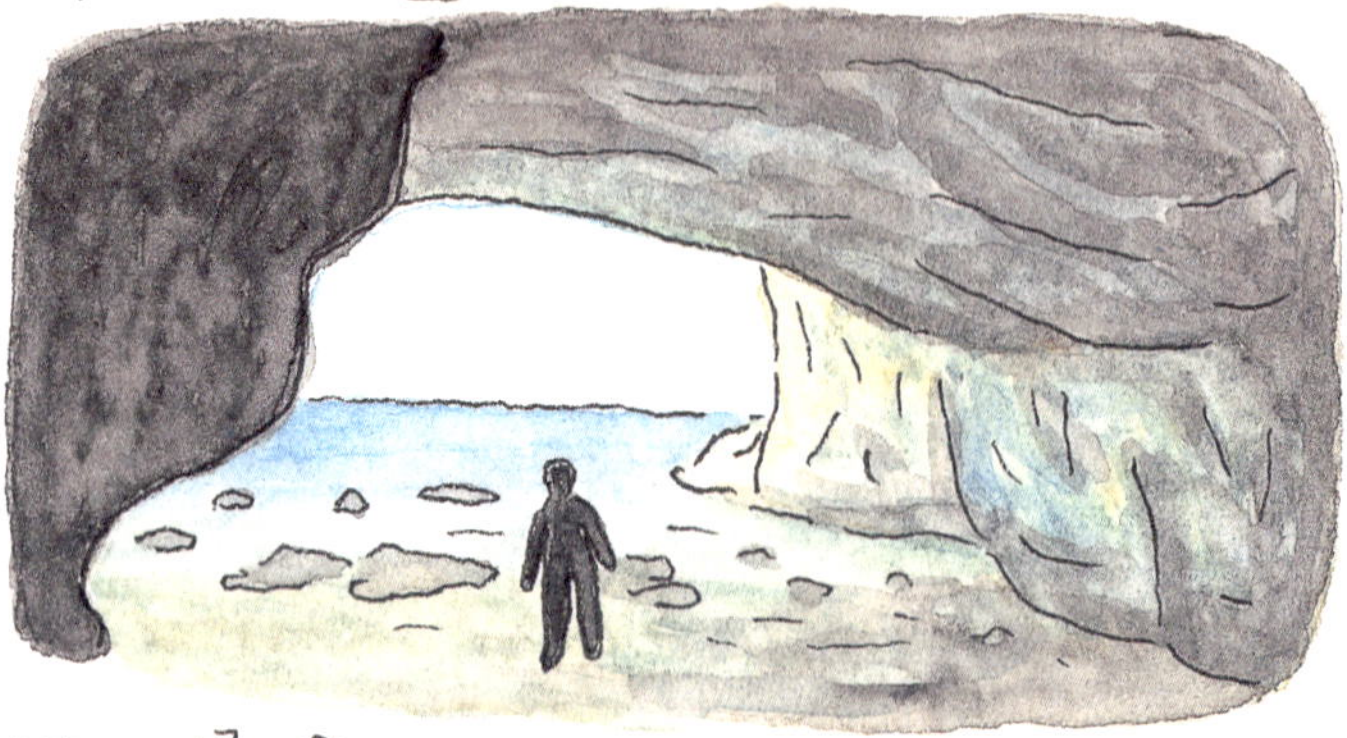

波で侵食された不思議な洞窟
迷路みたい

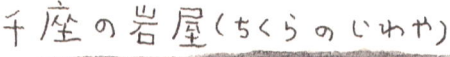

しむ秘訣である。

あまり期待せずに寄り道した『千座の岩屋』だったが、これがよかった。こんもりとした小山のような岩場が、海によって浸食されて洞窟となっている。蟻の巣のようにあちこちでつながっているし、広い場所はその名のとおり、大勢の人が座って寛げることができる（千人とまではいかないけど……）。

岩屋からのぞく海が美しく、のんびりと過ごしてから宇宙センターへ向かった。

☆

種子島宇宙センターのロケット発射台は、世界一美しいといわれている。

たしかに、自転車で走るにはつらい勾配が続く丘陵は緑に覆われ、南の島ならではの景観が保たれている。

とくに『ロケットの丘展望所』からの眺めは、湾曲した風光明媚な海岸の先端に発射台がそそり立って、絶景だった。ここからロケットの打ち上げを眺めたら最高だろうけれど、残念ながら打ち上げ当日は発射台の半径3キロ以内には立ち入り禁止とのことである。

昼食は、一般人も利用できる宇宙センターの職員食堂で500円の日替わり定食を食べ、宇宙科学技術館の展示物を見学したあと、指定された午後3時20分に受付へ足を運んだ。

宇宙科学技術館では、1日3回（午前11時、午後1時半、午後3時半）宇宙センターの施設案内ツアーを開催している。

ガイドの説明を受けながら実物のロケットを間近で見学できて、料金はただ。人気がないはずがなく、夏休みなどはすぐに50人の定員が埋まってしまうと聞いていたが、この日は約束の午後3時半になっても僕ひとりしかいなかった。

そして「お待たせしました」と、声をかけられてさらに驚いた。

年配のエンジニアのような技術系の男性がガイドしてくれると勝手に想像していたのだが、現れたのはあどけない顔をした20代前半のかわいい女性だったのである。

ニッコリと微笑まれてドッキリしたし、外に待機していたエスティマ／ハイブリッドに案内されて、心臓の鼓動は一層高鳴った。

少人数の場合はバスは使わずにミニバンを使うそうだが、後部座席のドアが閉じられて、助手席に座った女性ガイドからあらためてあいさつされたときは、いい香りが漂ってきてドギマギしてしまった。

6月の平日は参加者が少ないし、とくに午後3時半からのツアーは最も少ないのだという。貧乏人根性で情けないとは思うが、ぼくひとりに対して運転手と若い女性ガイドがつきっきりになっているわけである。ラッキー！　と、思いっきり叫びたい気分になった。

ツアーコースは、ロケットの丘展望場→HⅡロケットがある大崎第一事務所→総合司令棟、と続いて宇宙科学技術館に戻ってくる約1時間15分になっている。

「なんでも質問してください」とガイドの彼女にいわれ、何も質問しないのももうしわけない気がして、質問した。

「基本的な質問ですけど、どうして種子島に宇宙センターがつくられたのですか？」

「はい。地理的要因や安全性、経済性などの理由があります」

彼女はテキパキと説明してくれた。

赤道に近い場所であること（西から東へ回転している地球の自転エネルギーは赤道直下が最も大きいため、赤道に近い場所で打ち上げたほうがエネルギーのロスが少なくてすむ）、発射側の東側が開けていて、定期的な航空路や海上航路がないこと、広大な敷地を確保できること、発射台の周囲に民家がないこと、ロケット機材運搬のための交通の便がよいことなど、様々な条件を

写真右）耕うん機で日本縦断した経験がある僕は、耕うん機が現役で走っている姿を目にすると、ついうれしくなってしまう。
写真左）小さな商店の入り口に貼ってあった。罰則内容がわかりやすい警告は、犯罪の抑止力としての効果が期待できるかもね。

クリアしていたのが種子島だったとのことである。

　最初はマニュアル的な説明だったが、実物の巨大なロケットに僕が「すげえー…」と感嘆の声をあげるころには打ち解けた雰囲気になった。

　宇宙開発センターのスタッフは全国から集まってきているが、彼女は地元の南種子町出身だという。

「じゃあ、ロケットの打ち上げは子供のころから体験しているんですね」

「はい」

「いいなあ。僕は打ち上げの音を一度でいいから間近で聞いてみたいんですよ」

「でも地元に住んでると感動しないですよ。小学校のときも音を聞いて『あ、今日は打ち上げだったんだ』て思うくらいでしたから」

　そうか、地元の人間にとってはロケットの打ち上げすらも日常になってしまうのか、と感心した。

　ひととおりの見学を終えて、宇宙科学技術館に戻った僕は、外に展示された実物大のロケットと、青く澄んだ空を眺めて思った。

　普通の日本人が宇宙に出かける日がいつやってくるのか、見当もつかない。

　でもいつの日か必ず宇宙に気軽に出かけられる日がやってくるはずだ。

　そのときは「ハイ、ナカムラです。これからロケットに乗ります」と、普通に会話が交わされていることだろう。

旅のおこづかいメモ

5月22日～23日

八ヶ岳→名古屋（高速バス）…… ¥4,300
名古屋→鹿児島（寝台列車『はやぶさ』＆リレー新幹線『つばさ』）…… ¥25,380
鹿児島→種子島（高速船『ロケット』）…… ¥4,700
自転車航送代（高速船）…… ¥1,000
朝食代（コンビニで食料買い出し）…… ¥683
夕食代（ラーメン、チャーシュー丼）…… ¥683
宿泊代（素泊まり民宿）…… ¥3,000
夕食代（生ビール、魚介類、お茶漬け）…… ¥2,404

5月24日

朝食代（コンビニでパン等）…… ¥378
昼食代（カレーライス等）…… ¥840
朝食代（コンビニで食料買い出し）…… ¥1,034
昼食代（職員食堂で日替わり定食）…… ¥500
夕食代（コンビニで朝食も含めて食料買い出し）…… ¥1,369
宿泊代（ビジネスホテル）…… ¥4,200

5月25日

種子島→羽田（鹿児島経由の飛行機）…… ¥32,800
羽田→新宿（リムジンバス）…… ¥1,200
新宿→八ヶ岳（高速バス）…… ¥2,300
昼食（カレーライス）…… ¥650

合計 …… ¥86,400

3日間の走行距離 …… 77.8km

island trip 4

— 周防大島 —

もてなしの心に触れる 周防大島おへんろ巡り

ACCESS

JR山陽本線大畠駅より路線バスが1日約7便運行。高速バスが広島バスセンターより1日2便運行、所要時間約2時間、運賃1,500円。柳井港と松山の三津浜港から久保田港へ1日4便フェリーが運航。柳井～久保田は所要時間約30分、運賃1,330円。三津浜～久保田は所要時間約1時間10分、運賃2,460円。自転車は柳井～久保田は660円、三津浜～久保田は1,140円。

札所はわかりにくい
場所にある
でも オリエンテーリング
みたいで楽しい
3日間あれば
すべてまわれる
だろう

意外に開き直れるものだな、と我ながら感心した。

松山行きの高速バスは、夜の中央自動車道下り線を西に向かって走っている。もうすぐ自宅近くの長坂高根ＩＣを通過する時刻だ。

つい数時間前、僕は長坂高根ＩＣのバス停から高速バスに乗って中央自動車道上り線を走っていた。つまり、新宿発松山行き高速バスに乗るために、僕はわざわざ新宿まで高速バスで出て、再び来た道を引き返しているのである。おまけに八ヶ岳から新宿へ行くバスも、新宿から松山へ行くバスも、どちらも山梨県の双葉ＳＡで休憩をとる。双葉ＳＡではやるせない気分を味わうだろうと出発前は思っていたが、実際にはそうでもなかった。

自転車を松山行き高速バスのトランクルームに預けたとき、僕は遠い場所へ旅立つ旅人の気分になりきることができて、来た道を逆走する理不尽を吹っ切れた気がする。むしろ、こういう時間的にも無駄に思えることを楽しめる心のゆとりが、旅の極意なのかもしれない。

そもそも、なぜこんなまどろっこしい乗り継ぎをしているのか？ それは旅の目的地、周防大島《すおうおおしま》が本州と橋でつながっているからである。周防大島へのポピュラーなアクセス方法は、ＪＲ山陽本線の大畠駅まで列車を乗り継ぎ、そこから自力で大島大橋を渡る方法なのだが、このルートだと、海を渡って島へ上陸する感激が薄れてしまう。

やはり、島には船で渡りたい。そこで、本州側からではなく四国の松山から周防大島へ渡るフェリーを使うことに決め、松山まで行く方法として、輪行袋の自転車を抱えて駅のホームを歩く手間が省ける高速夜行

廃屋が島のあちこちで見られた。「島ばなれ」という言葉が頭をよぎる。出会う島民も年配の方ばかりだった。

バスに行き着いた、というわけである。

ＪＲの高速バスなどは折りたたみでも自転車の持ち込みを禁じているが、僕がたびたび利用している諏訪バスや京王バス、山梨交通のバスなどはとくに禁止していないし、これまで乗った高速バスでも自転車の持ち込みを咎められたことは一度もない。一概にはいえないけど、混雑してなくてトランクルームに余裕がある場合はすんなりと乗せてもらえるようだ。

バスは12時間かけて高速道路を走り、朝7時10分に松山市駅に到着。自転車を組み立てて、周防大島へ向かうフェリーが発着する三津浜港へ向かった。

瀬戸内海に浮かぶ山口県の周防大島は屋代島とも呼ばれており、瀬戸内海で３番目に面積が大きい島だ。

平成の大合併で、大島町、久賀町、橘町、東和町が合併して周防大島町となった。

島の周回道路を走って一周すると約１００㎞になるが、僕はこの島を巡る旅の方法として、お遍路巡りを思いついた。島内には四国と同じく88カ所の札所が設けてあるのだ。

四国88カ所のお遍路巡りは全長１２００㎞以上あり、自転車で走破すると数週間はかかるが、こちらは全長１６０㎞程度で、３日間ほどですべて巡ることができる。飽きっぽい性格の僕だから、根気が続かなくて88カ所をすべて訪れられないだろうけど、スタンプラリー式に島を隅々まで走れるに違いない。

☆

松山の三津浜港から周防大島の伊保田港までの所要時間は約１時間。高速バスのシートに長時間揺られてきただけに、体を延ばして横になれるフェリーの雑魚寝が心地よかった。出航してすぐに寝てしまい、伊保田港への到着を告げるアナウンスで目が覚めた。

松山の三津浜港と周防大島の伊保田港間のフェリーは１日４往復している。輪行袋に入れた自転車は無料。

伊保田港は周防大島の西端に位置する。周防大島の中心から最も遠い場所にある、こじんまりとした港だ。

港の待ち合い所にある周防大島のパンフレットを開くと、最初のページに見開きの地図があり、そこには1番から88番までの札所が書き込まれてあった。道路地図や地形図と違って観光用のイラストマップだから大雑把な場所しかわからないが、行けば何らかの案内板があるだろう。そう思い込んでまずは島の最西端、69番札所の観音堂をめざした。

島へんろは、1番から順番に巡る必要はなく、どこから始めてもいいし、数字どおりの順でなくても差し支えないという。ちなみに88カ所の開基は、地元の西長寺の佐々木純円上人で、明治22年に創設されたとのことだ。

走り出してすぐに道は細くなり、待避所でしか車がすれ違えないくらいの幅になった。車はほとんど通らない。ときおり雨がパラつくどんよりとした天候だったが、瀬戸内海の潮風を全身で感じて牧歌的な風景の中を走っていると、ウキウキ気分になってくる。

伊保田港から約2㎞走って69番の札所に到着……といいたいところだが、見あたらなかった。民家が寄り添った小さな集落があるだけで、札所らしき寺院も、案内表示もないのだ。

このあたりの集落はメインの道路以外は、路地裏のような生活感あふれる道があるだけである。自転車を押して、車が通れない路地に入り込んだが、札所がどこにあるのかまったくわからない。

おばさんの姿が畑に見えたので声をかけて訊ねてみた。

「69番の札所？ 69番かはわからんけど、観音堂ならあの先にある」

そういっておばさんが指差した先は集落のはずれにある小さな小屋だった。さらに細くなった山道を登って、最初の札所にようやく到着できた。小さなお堂で、賽銭箱の横には納札の箱が置いてあった。

写真右）コンパクトな札所が、島には合っていると思う。探しあててたどり着いたときは安堵感が味わえる。
写真左）海沿いは平坦な道路が続くけど、山越えの道路もある。山のトンネルを覆う竹の勢いがすごかった。

四国に比べたらとてもコンパクトな札所だけど、掃除が行き届いていて温かみのある札所だった。島にはこれくらいの規模がちょうどいいように思う。

とりあえず家族の健康を祈って、次の札所に向かって走り出した。島のパンフレットによれば、ここから２００ｍ程度の場所に隣の70番の札所があることになっている。

しかし、またしても札所の場所はわからなかった。民家の脇をうろついていると怪しい男に思われそうだけど、民家に接した小さな路地しかないからしかたがない。

集落の路地を2周まわったところでギブアップ。人に出会ったら質問しようと、再び集落をうろつきまわっていたら、茂みがガサガサと動いて、小動物が姿を現した。

タヌキだ。こちらの様子をじっと眺めたが、僕が動き出すと、タヌキは茂みにさっと隠れてしまった。

ようやく出会ったおじさんに札所の場所を訊き、ついでにタヌキを見た話をした。

するとおじさんは「この島は人よりもネコやタヌキのほうが多いんじゃ」と笑った。

３番目の札所も案内板がなく、またしても人に訊く羽目になったが、少しも面倒には思えなかった。むしろ楽しいのだ。

明確に場所がわかってシステマチックに巡るよりも、人に訊かなければ見つからないなんて、旅のエンターテインメントとして最高ではない

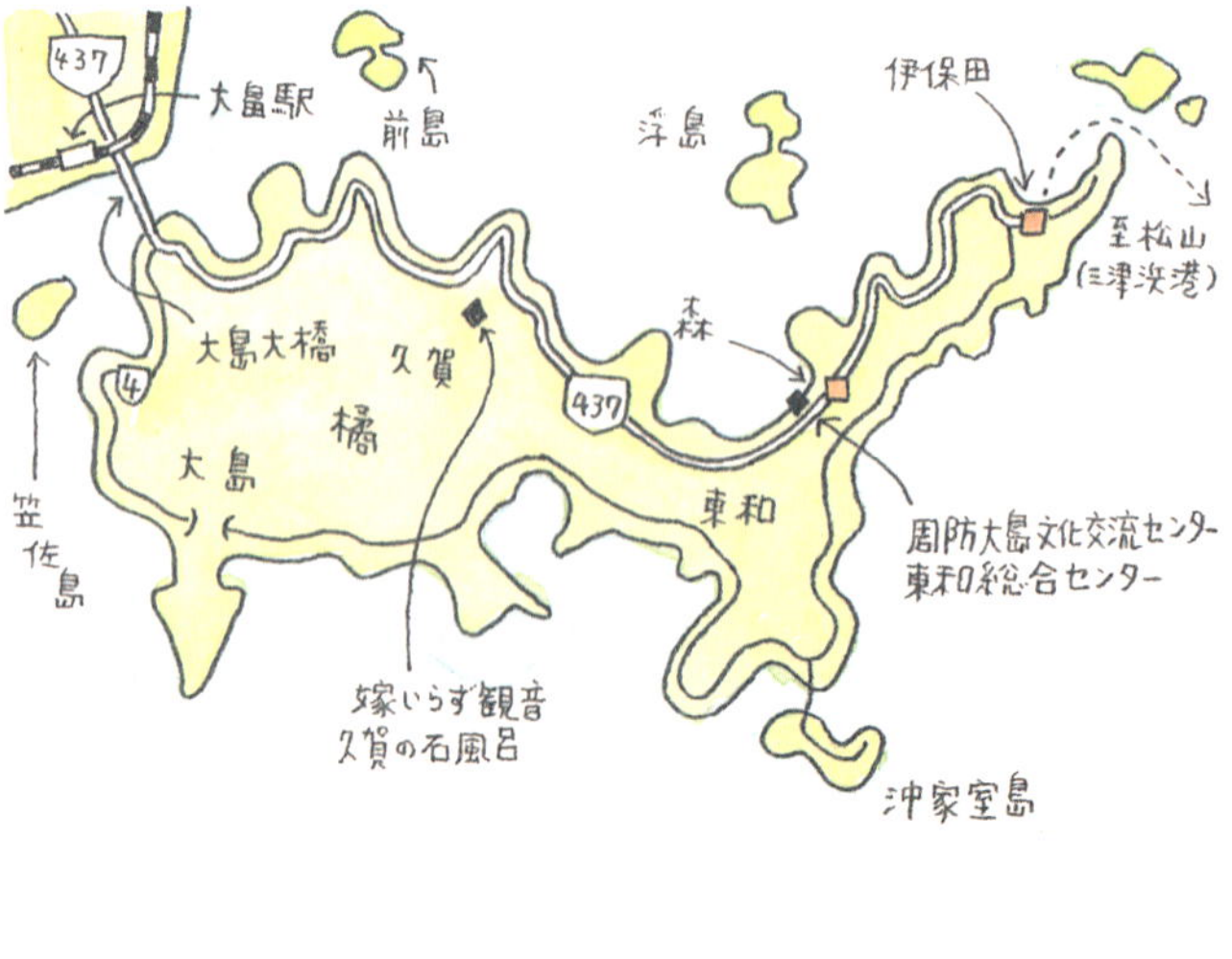

か。島全体のオリエンテーリングをしているようなものである。札所を探しあてることが楽しく思えたし、場所がわかってたどり着けたときは、宝探しで宝のありかを発見したときのような感動があった。それに道を訊くことで、必然的に地元の住民に声をかけなくてはならないことも、おもしろかった。

ただし、自転車で島のおへんろ巡りをしている旅人はかなり少数派のようで、札所を訊ねるたびに「ごくろうさまです」と地元の人間に声をかけられた。遊びとしてお遍路巡りの旅をしている僕は、そのたびに心苦しさを覚えた。

このままのペースでいけば、一体何人の住民に声をかけることになるのだろうと思ったが、残念ながら札所がわかりにくかったのは伊保田周辺で、島西部の中心地に来ると案内標識がところどころに立っていた。札所めぐりは楽になったけれど、オリエンテーリングとしてのおもしろみは半減してしまった。

☆

一日でどのくらいの札所をまわれるかわからなかったから、事前に宿泊場所は予約せず、当日のなりゆきで宿を決めた。

宿泊に選んだのは、久賀町の『ひふみ旅館』である。2食つきだと1泊7300円だが、素泊まりは3150円で済む。

夕方に自転車で乗りつけて、おへんろを巡っていることを主人に話す

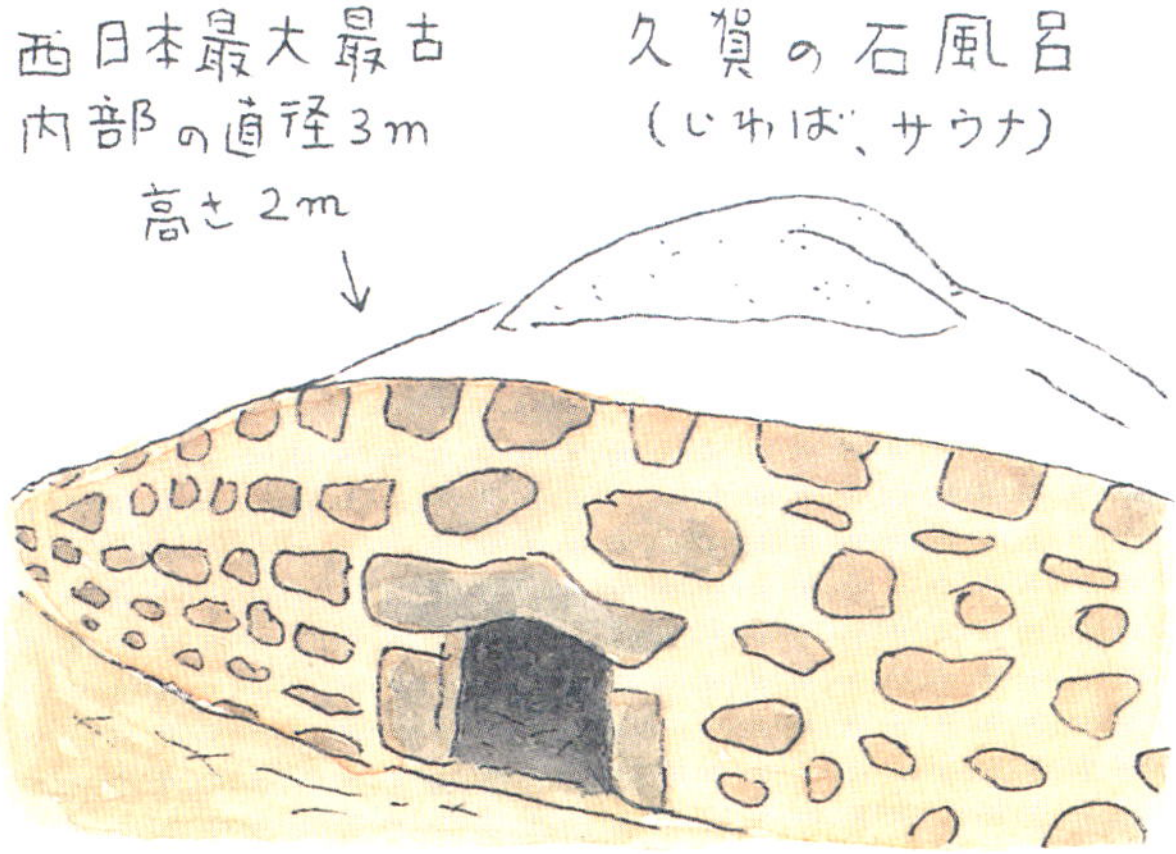

と「それはご苦労さま。自転車が濡れると大変でしょうから」といって、玄関の中に自転車を入れるようにいわれた。

以前四国を旅したときもそうだったけど、おへんろに対して地元の人々は寛大な心で、もてなしてくれる。四国おへんろを世界遺産に、という動きがあるそうだが、旅人を温かくもてなして接待する精神は、世界遺産に相当すると思う。

翌日も雨模様の天気だった。

秋雨前線の影響で1週間近くぐずついた天候が続くという。

昨日は新鮮味もあったし、札所の場所がわかりにくかったからこそやる気も起きたが、島の中心部に近づいて札所の場所もわかりやすくなり、交通量も増えたことで札所を巡るペースはがくんと落ちて、札所の軒下で雨宿りする時間が増えた。

でも、つまらないわけではない。島の小さなお堂で雨宿りしてボーッと過ごしているひとときが、退屈ではなくて物思いに耽る豊かな時間に感じられる。穏やかな気持ちでいられるのは、信仰心の薄い僕でも札所巡りで多少は心が清らかになっているからだろうか。雨に煙る町の風景すらも叙情的に映る。

とはいえ、島へんろのモチベーションが下がってしまったので、雨宿りを兼ねて周防大島文化交流センターに入った。この建物には周防大島出身の有名な民俗学者、宮本常一の写真や資料が揃っている。

ひととおり、資料を閲覧して印象に残ったのは、宮本常一が晩年に残した言葉だ。宮本常一は民俗学を学ぶ学生たちにこう語っていたという。

1日目の夕食に食べた小イワシ定食。地元でしか食べられない新鮮な魚介類も、島旅の大きな魅力だ。

『その土地にいったら一番高いところに登ってみよ』
『その土地の一番うまいものを食べろ』
『話し手にならず聞き手になれ』

旅をして文章を書いている身としては、なるほどと納得させられる言葉である。今度、旅に出たらこの3点を実践してみようかと思った。

結局、2日間で札所の半分近い40カ所を巡って、最後は自転車で瀬戸内海に架かる橋を渡って帰路についた。

周防大島から本州までの渡航時間はわずか5分程度である。

往路にはるばる高速バスとフェリーを使って島に上陸してよかった、とあらためて納得した。

旅のおこづかいメモ

9月 11日

八ヶ岳→新宿（高速バス）	¥2,300
新宿→松山（高速バス）	¥12,000
夕食代（うどん、カレーセット）	¥600

9月 12日

三津浜→伊保田（フェリー）	¥1,900
朝食（ミスタードーナツの朝セット）	¥300
食料買い出し（パン、お茶）	¥230
宮本常一資料館入館料	¥300
宿泊代（素泊まり）	¥3,150
夕食代（小イワシ定食）	¥1,000

9月 13日

朝食（コンビニで買い出し）	¥492
昼食代（ラーメン定食）	¥780
八幡生涯学習むら入館料	¥400
大畠→名古屋（JRと新幹線）	¥14,470
名古屋→八ヶ岳（高速バス）	¥4,300
夕食代（きしめんセット）	¥630

合計 …… **¥42,852**

3日間の走行距離 …… **108.6km**

island trip 5

— 隠岐の島 —

ノスタルジックに 初冬の隠岐、都万を走る

ACCESS

境港と七類より高速船(1時間20分、5,600円)数便(季節により不定期)。フェリー(約2時間30分、2等2,840円、自転車1,250円)1日1便。飛行機は大阪伊丹より1日1便22,300円。出雲より1日1便12,300円。

都万の漁港

おそらく30年前もこんな風景
だったんだろうな
杉皮葺きの舟小屋が
ニッポンの漁村を
イメージさせる

都万を「つま」と読める人間は、隠岐《おき》の島に所縁があるか、往年の吉田拓郎ファンに違いない。もう30年以上経つ。中学生の僕は吉田拓郎が大好きで、彼のアルバムをすべて揃えて、レコードが擦り切れるくらいに聴いていた。どのアルバムも好きだったが、とくに気に入っていたのは名曲『落陽』や『ひらひら』などが収録された『ライブ73』で、その中に『都万の秋』という楽曲があった。

最初は拓郎が唄う『つま』が何のことか、わからなかった。それが隠岐の島の地名であり、都万を訪れた旅人の心象風景を綴った詩だとわかったときは、『都万の秋』を作詞した岡本おさみは筋金入りの旅人なんだと感心した。そしていつかは自分も、旅先としては無名の都万を旅してみたいと思うようになった。

それから長い歳月が流れ、そんな夢を持っていたこともすっかり忘れてしまったが、31年ぶりに『つま恋』のコンサートを復活させた吉田拓郎とかぐや姫のドキュメント映像をテレビで観て、当時の記憶がよみがえった。

還暦を迎えた吉田拓郎や、中高年ばかりの観客が年甲斐もなく熱狂している姿を見て胸が熱くなり、自分もあのときの夢を実現させたくなった。こじつけにすぎないけど、つま恋=つま、来い。都万が来い、と僕を呼んでいるんじゃないかと思った。

僕は30年来の夢を叶えようと、夜行列車のサンライズ出雲に自転車とともに乗り込んだ。飛行機を使えば、伊丹経由か出雲経由で隠岐の島まですんなり行けてしまうが、自転車で出かける旅は距離と時間が合致した移動にこだわっているし、長年憧れていた夢の島に上陸するんだから、ゆっくりと近づいていくプロセスを味わいたかった。

サンライズ出雲で米子まで行き、米子からは水木しげるのゲゲゲの鬼太郎で町おこしに成功している境港まで列車を乗り継ぎ、船で隠岐の島の西郷港に上陸した。

都万は隠岐の島の中心の西郷から東へ約15km走った場所にある。かつては都万村だったが、合

写真右）かつては都万村だったが、平成16年10月に4町村が合併して、島全体で隠岐の島町になった。
写真左）都万の漁港である。『都万の秋』では、この島に盗人なんていない。隠れられる場所がどこにもない、と書かれている。

併によって隠岐の島町、都万になった。

古い町なみと新しい建物が混在する西郷港から、のどかな道路を自転車で45分程度走って、念願の都万に到着した。

なんてことはない、小さな漁村だった。酒屋と食料品が一軒ずつあり、集落が寄り添う。港に沿って建つ、漁船が格納された木造の古い船小屋が旅情をそそった。

港には闘牛をイメージした像があった。2頭の牛が角をつき合わせて向かいあっている。像の説明によれば、都万では闘牛を『牛突き』と呼ぶらしい。そのルーツは承久の乱（1221年）で隠岐に配属させられた失意の後鳥羽上皇を慰めようと、強そうな雄牛を集めて闘わせたのがはじまりだという。隠岐の牛突きの特徴は鼻輪を着けたまま闘わせ、綱取りと称する若者が牛をリードするところにあり、その闘わせる方法は昔ながらのしきたりと伝統を重んじ、民俗学的に高い評価を得ているとのことだ。

『牛突き』の説明を読み終えて、防波堤を見ると年配の男が海底をのぞいていた。手に物干しのような棒を持っている。僕は自転車から降りて、男性に近寄った。

「こんにちは」

声をかけると、男性は無言であいさつし、竹棒を海に突っ込んだままじっとしていた。

「何をしてるんですか？」

「何かいるか、と思ってな…」

見ると竹棒の先にはフックがついていて、そこにエサのアジが引っかかっている。

「タコをとるんですか？」

「……」

男性は何も答えない。僕は黙って何か獲れるかもしれない海の中をのぞいた。

「昔からここに住んでるんですか？」

写真右）隠岐の島の玄関口、境港は水木しげるの故郷であり、鬼太郎で町おこしに成功している。
写真左）11月23日の祝日。島の小さな集落では住民が神社に集まってささやかな新嘗祭を行なっていた。

「ああ」

「30年くらい前と比べると、ここも変わったんでしょうかねえ」

作詞家の岡本おさみが30年以上前に見た風景と、僕が今見ている風景がどの程度変わっているのか知りたくて、僕はそう訊ねた。

ところが、おじさんは「知らんのう」と、一言だけいって防波堤から去っていった。

そのあと、僕は船小屋に移動した。杉皮の屋根と屋根の上の石、そして色あせた柱がニッポンの漁村をイメージさせる。

軽トラが来て、これまた年配の男が降りて小屋に入った。漁具だろうか、荷物を持ってトラックに載せた。

「この小屋はいつぐらいからあるんですか？」

岡本おさみもこの船小屋を眺めて旅情がそそられたに違いない。そう思って訊ねたら、おじさんはひとことだけいった。

「だいぶ前から」

僕は笑いをこらえた。自分の息子がそんな抽象的な答えを口にしたら、「それじゃ、答えになってないだろ！」と怒鳴るところだ。

それにしても長年焦がれてようやく都万に来た僕を迎えた言葉は「知らんのう」と「だいぶ前から」である。憧れ続けていた場所って、実際に訪れたらこんなもんだろうな。

僕は初恋の女性と30年ぶりに再会した気分を味わった（経験ないけどね）。

☆

翌日、自転車で隠岐の島一周に出かけた。

ロードバイクの俊足とフォールディングバイクの利便性を併せ持ったジャイアントのMR4F。お気に入りの自転車だ。

船で到着した西郷港に行き、そこから隠岐水産高校を通って島の東側に向かった。時計の針と反対まわりの一周である。

想像していたとおり、坂が多い。それに風が強かった。冬が訪れつつある日本海は、こんなものだろう。海は時化ていて、島内アナウンスが今日の高速船は欠航だと告げていた。

上っては下り、下っては上る。そんなペースでゆっくり進み、布施という集落に着いた。

小さな神社があって、そこに住民が7、8人並んでいた。立ち止まってのぞいていたら、別のおじさんが神社にやってきた。

「今日は何かあるんですか？」と、僕はおじさんに声をかけた。

「新嘗《にいなめ》祭ですわ」

そうだった。今日は勤労感謝の日なのだ。最近はあまり見られなくなったけど、作物の収穫を感謝する新嘗祭を、昔はどこの地区でも行なっていた。勤労感謝の日は、そのための休日だったはずである。この地区では今でも新嘗祭の日は、住民がちゃんと神社に集まって祭壇に祈りを捧げているのだ。結びつきが強い島らしくていいな、と思った。

しばらく見学していると、神主さんが来て、お神酒をふるまった。部外者の僕にも杯がまわってきた。

「どうぞ。少しくらいはいいでしょ。自転車なんだし」と顔役のおじさんにすすめられた。

まあ一杯くらいは罪でもないだろ。この寒空の下、交通量が少ない島を免許がいらない自転車で走っているわけだから。

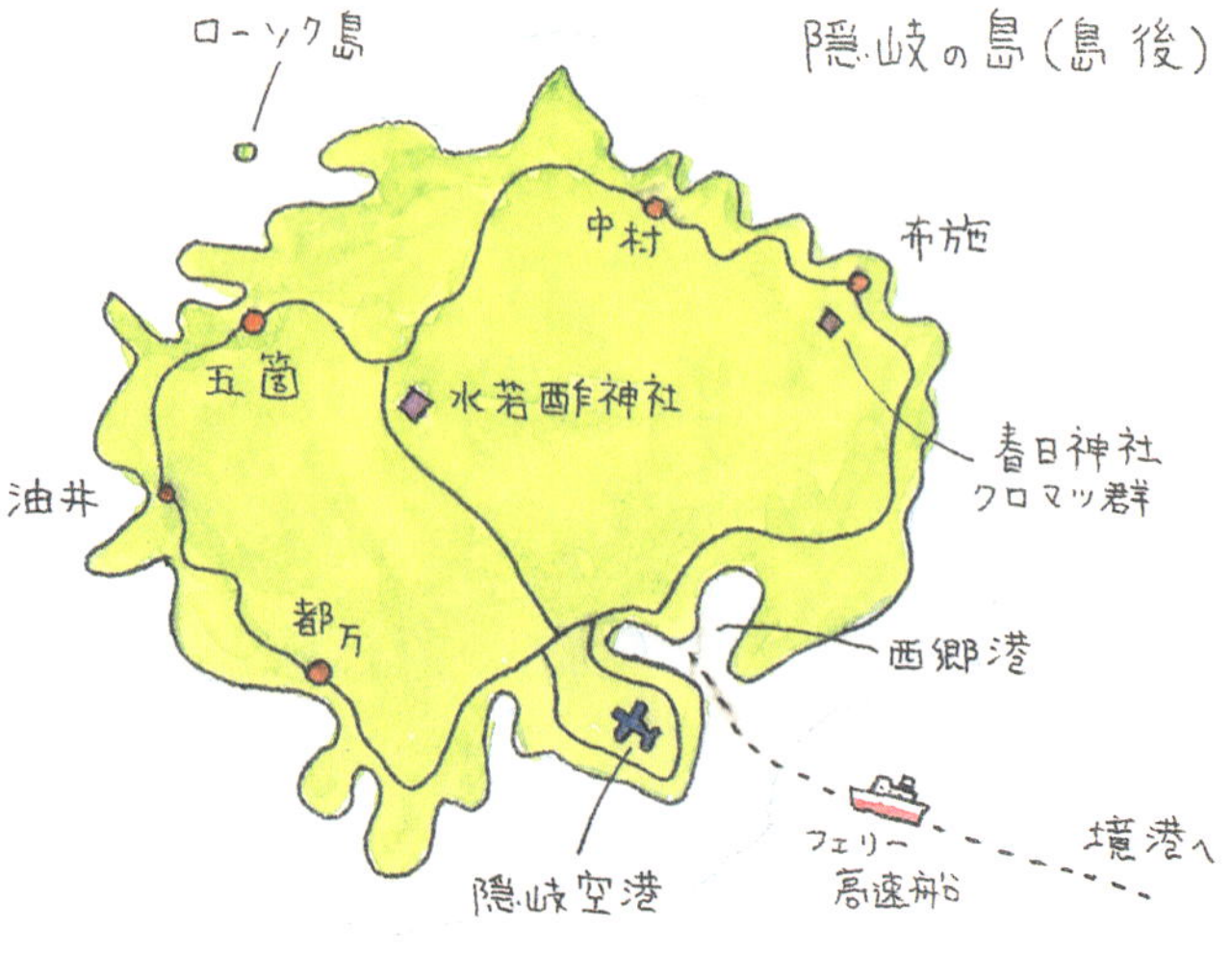

一杯だけいただくと、なんとなく隠岐の島に受け入れられた気分になり、気持ちよく隠岐の島一周の旅を続けられた。

☆

3日目の朝、島を離れる前に僕は再び都万へと向かった。大事なことをやり残していたことに気づいたのだ。

島に自転車はぴったりだな、とつくづく思う。路線バスは1日数本しかないし、レンタカーなどでさっと行ってしまうと、物足りなさを感じてしまう。自転車がちょうどいいように感じるのだ。

都万の漁港に着いた僕は、バックパックから携帯音楽プレイヤーのアイポッドを出して、吉田拓郎の『ライブ73』から『都万の秋』を選曲した。この歌をこの場所で聴かないことには、今回の旅を終えるわけにはいかないのだ。

吉田拓郎は歌う。

イカ釣り船が帰ると　ちいさなおかみさんたち
エプロン姿で　防波堤を駆けてくるよ
都万の朝は　眠ったまま
向こうの浜じゃ大きなイカが手ですくえるんだ
おかみさんは待っている　亭主の自慢話を

五箇にある
水若酢神社
隠岐独特の
建築様式だという

黙ってイカを洗う亭主に　相槌うってね
隠岐の島はにげるとこなし
盗人だって　ここじゃどこにも　隠れられない

海のきげんをとってきた　都万のおかみさんたち
ひと荒れすりゃあ　ひと年も老けてきた
明日の朝は去ってしまおう
だって　ぼくは　怠け者の渡り鳥だから

JASRAC 出 1001567-001

歌詞の内容をかみしめて漁港を眺めていると、年配の夫婦が乗った小さな漁船がゆっくりと近づいてきた。ふたりとも箱メガネで海をのぞいて、竹棒で底をつっついている。初日に年配の男性が防波堤で竹棒を突っ込んでいたけど、それとは違うスタイルで竹棒を動かしていた。

「何を獲っているんですか」

声が届く範囲まで漁船が近寄ってきたので、僕は声をかけてみた。

「サザエよ」

おばさんにいわれて船底を見ると、そこにはサザエがたくさん転がっていた。

「魚屋に行くと値段が倍くらいになる。漁師から直接買えば安いよ。ほら、食べてみる」

そういっておばさんはサザエをひとつ、僕の足元に投げた。さらにおじさんは、「ほれ、これも食ってみろ」と、バフンウニを放り投げた。

バフンウニは当然まだ生きており、体を包むトゲはゆくりとうごめいている。

「手にささったら抜けんくなるからな。気をつけて食え」

おじさんはそういったが、これ、どうやって食えばいいんだ？　とりあえず僕は自転車の工具

写真右）都万の漁港でサザエを獲っていた夫婦。おみやげに買っていけばよかったかなと、あとで悔やんだ。写真左）夫婦にもらったサザエとウニ。現地調達だし、これしかないから特別おいしく感じられた。

袋からスパナとレンチを出して、サザエをガツン、ガツンと叩き、ウニは両足で踏んづけてトゲをそぐようにした。

　自分でも笑えてきた。見たことない獲物に戸惑っているサルみたいだな、と思った。もっとも長野県生まれで、現在は山梨県在住の身である。海の幸は身近ではない。そんな境遇に暮らしているからこそ、海に囲まれた島に憧れるのだが。

　悪戦苦闘のすえ、わずかではあるけどウニもサザエも新鮮な状態で口にすることができた。

「ありがとうございました」

　僕は漁船のふたりに頭を下げて自転車に乗り、都万を離れた。

〝都万の秋〟で歌われたとおり、ここはのどかな場所だったんだなと満足したのだが、あとになって、あのおばさんは僕にサザエを直接売りたかったのかもしれないと思った。

　劇的なドラマは起きなかったけど、でもやっぱり都万はいいよ、と僕は都万から妻に電話をかけて隠岐の島を離れた。

旅のおこづかいメモ

11月21日～22日

八ヶ岳→新宿（高速バス）……¥2,050
東京→境港（寝台列車『サンライズ出雲』B寝台シングル＆ローカル線）……¥21,840
境港→西郷（高速船『レインボー』）……¥5,600
朝食代（ターミナルで朝定食）……¥740
昼食代（アンパン、バナナ、缶コーヒー）……¥312
宿泊代（朝食付き）……¥7,680
夕食代（うみさち御前）……¥1,500

11月23日

昼食代（カツ丼）……¥750
夕食代（おでん、焼き魚定食、生ビール）……¥2,300
宿泊代（ビジネスホテル）……¥5,500

11月24日

朝食代（スーパーでパン買い出し）……¥360
隠岐の島→羽田（伊丹経由、伊丹～羽田は特割）¥32,740
羽田→新宿（リムジンバス）……¥2,050
新宿→八ヶ岳（高速バス）……¥5,000
昼食（カレーライス）……¥650

合計……¥56,263

4日間の走行距離……138.2km

island trip

6

— 神島 —

自転車よりも純愛が似合う眺めのいい島、神島

ACCESS

鳥羽より市営定期船が1日約4便、710円。伊良湖岬より神島観光船が1日数便（季節によって異なる）所要時間約15分。運賃1,300円。

神島灯台

『潮騒』にも
たびたび登場する
島内随一の展望スポット

空気がすばらしく
澄んでいるときは
はるか彼方に
富士山も望めるという

滑走路に進入した飛行機は轟音とともに速度をあげ、青空に向かって飛び立っていく。おっ、今度はルフトハンザか。その次はまたＡＮＡか……と、僕は滑走路に侵入していく飛行機を眺めた。

ここは2005年にオープンしたセントレアこと、中部国際空港――常滑《とこなめ》市沖の伊勢湾に埋め立てられた、名古屋から最も近い島である。

純朴なニッポンの島を旅していると地元の住民が「ここは何もない島だから」とたまに口にするけど、その観点からいったら、これほど何でも揃っている島はないだろう。

この最先端の島、セントレアに供給される電力の1日分は、今夜泊まる島の何日分に相当するのだろうか？　そしてこの島にやってくる乗客は、今夜泊まる島の住民の何倍だろうか……。展望スペースのスカイデッキに並ぶベンチに座り、次々に飛び立つ飛行機を眺めながら僕はそんなことを思った。

早朝6時19分に八ヶ岳の自宅に近いバス停から名古屋行き高速バスに乗り、名古屋駅からは名鉄電車に乗ってこの中部国際空港にやってきた。

伊勢湾の島を旅するわけだから、人工とはいえ、れっきとした島でもあるセントレアにも足を踏み入れておこうと思ったのだが、この新しい島には自転車で走れる場所がどこにもない。

ぼちぼち、走り出そうか……。でもその前に名古屋名物のきしめんを食べておこう。ついでにスタバに寄ってサーモスのケータイマグにコーヒーを入れておこう。

レストラン街に足を運んで準備を整えた僕は、再び名鉄電車に乗って一駅先の知多半島に渡った。そして自転車を組み立てて、海沿いの道路を南へ向かって走り出した。

☆

伊良湖から神島に向かう船には、乗客が僕ひとりだった。操縦席の横に座らせてもらった。

じつは僕にとって知多半島は馴染み深い土地である。
というのは、この半島の中央にある私立大学を卒業しているのだ。しかし在学中はほとんど学校へ通わず、名古屋市内に住んでアルバイトと旅に明け暮れる学生生活を送っていた。なんせ電車の定期券を買わずに毎回切符を買って学校へ行っていたくらいである（つまり、そのほうが安上がりだったのだ）。今振り返っても、どうして卒業できたかわからないくらい、不真面目な学生だった。

そんなふうに大学に背を向けて生きていたものだから、自転車でこの土地を走るなんて当時は考えもしなかった。でもこうして走ってみると自転車にちょうどいいロケーションじゃないか、と知多半島を見直した。

道路はほぼ平坦で、交通量も少ない。伊勢湾を望む風景は穏やかで、潮風が心地いい。

この辺りにアパートを借りて、自転車で大学に通うような青春時代もよかったなあ……、でも仕送りがない貧乏学生だったから、それは無理だったよなあ……と、当時の思い出を振り返って夢想を楽しみつつ、軽快にペダルを漕いだ。サイクルコンピュータは時速20〜30㎞の間の数値をずっと示していた。

常滑駅から知多半島先端の師崎《もろざき》港までは、約35㎞。走り出して約1時間半後の午後2時過ぎに到着した。

この師崎港からは、篠島や日間賀島行きの船が出ているが、僕が乗るのは渥美半島の伊良湖行きフェリーだ。

今回の島旅は、伊良湖の沖にある神島が目的地なのだが、知多半島からは船が出ておらず、伊良湖に渡ってから神島観光船に乗り継がなくてはならない。

師崎港から伊良湖岬に渡るフェリーで、僕は読みかけだった三島由紀夫の『潮騒』を読んだ。これから向かう神島は『潮騒』の舞台になった島なのだ。

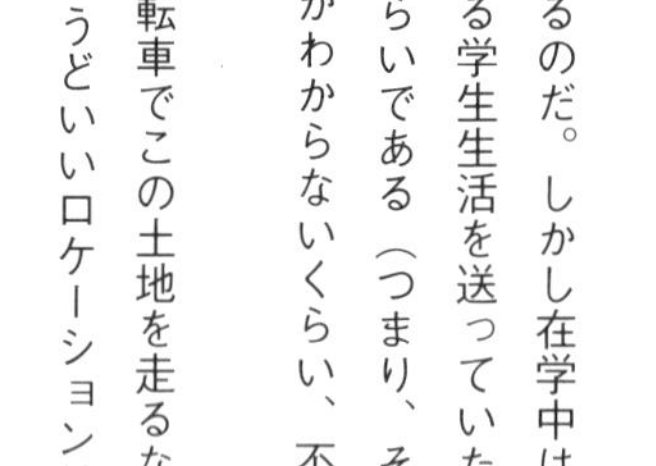

白亜の建物が美しい神島灯台。ここから貨物船や漁船が行き交う伊良湖水道が一望できる。

50年以上前のベストセラーで、吉永小百合や山口百恵などの主演で何度も映画化された有名な小説だが、はずかしながら僕はこれまでに一度も読んだことがなかった。せっかくだから、と出発前に文庫本を買って名古屋へ向かう高速バスに乗ってから読み始めたのだが、これがじつによかった。

難解な作品が多い三島由紀夫の小説としては異質なくらいにストレートな純愛小説で、斜に構えることなく素直に物語の世界に入っていけたし、文庫本で本文188ページという文章量もジャストだった。高速バスの3時間半と伊良湖へ向かうフェリーの30分でちょうど読み終えることができたのである。

これから上陸する島が舞台の小説をその日の朝から読み始めて上陸直前に読み終えるなんて、旅の序章として最高の演出かもしれない。ストーリー展開だけでなく、島の情景もロケーションも頭に入っているから、いやがうえにも神島への期待が高まる。

伊良湖で35分の待ち時間のあと、午後4時発の神島行き高速船に乗るため、表示された2番乗り場へ向かった。

しかし、出航5分前になっても乗客は誰も現れない。

「神島ですか？　どうぞ、乗ってください」

若い船員に声をかけられて定員25人の小さな船に乗ったが、乗客は僕ひとりだった。さらに船員もひとりというマンツーマンである。

出航してすぐに写真を撮っていたら、彼が親しげに声をかけてくれた。

「よかったら、隣にどうぞ。ここからのほうが眺めがいいですよ」

好意に甘えて僕は操縦する彼の隣の席に座らせてもらった。手を伸ばせば彼が手にする舵のレバーも動かせてしまうほどの至近距離だ。乗客ではなく、ヒッチハイクして乗せてもらったような気分になった。

写真右）『潮騒』にも登場する八代神社。元旦未明には、日輪をかたどった直径2mほどの「アワ」を男たちが竹で空高く持ち上げる奇祭、「ゲーター祭り」が毎年行われている。
写真左）神島にはコンビニもなければスーパーもない。素朴で心が和む島の暮らしがここにはある。

この時期（2月末）の乗客はこんなに少ないのか訊ねると「こんなもんかなあ……」とのことだった。

神島は三重県の鳥羽市に属しており、愛知県の伊良湖側から渡る乗客よりも、鳥羽側から渡る乗客のほうが多いのかもしれない。しかし、若い彼はいった。

「そうでもないですよ。観光客は8割くらいは鳥羽からですけど、釣り客の8割は伊良湖から乗るんですよ。電車の便は鳥羽のほうが便利で、車だと伊良湖のほうが便利だからですかね。神島までの距離は伊良湖からだと6kmで、鳥羽からだと14kmあって、乗船時間も倍以上違うんですけどね」

そんな会話を交わしているうちに、高速船はみるみる神島へ近づいていき、伊良湖を出発して15分後に神島へ着いた。

「その袋には何が入っているんですか？」

彼は自転車が入った輪行袋を見て、そう訊いた。自転車だと答えると彼は笑った。

「自転車で走れる道なんて、神島にはありませんよ」

彼のいうとおりだった。港の前に軽トラが数台あるだけで（ナンバーがついていない車もあった）、港から斜面に沿って集落が密集しているが、そこに道路はない。島を一周できるコースはあるけれど、途中から木の階段の山道になっており、自転車では走れない。

この島に自転車を持ち込んできた旅人って、自分以外にはそういないだろうな、と思ったらおかしかった。また午前中に滞在したセントレア

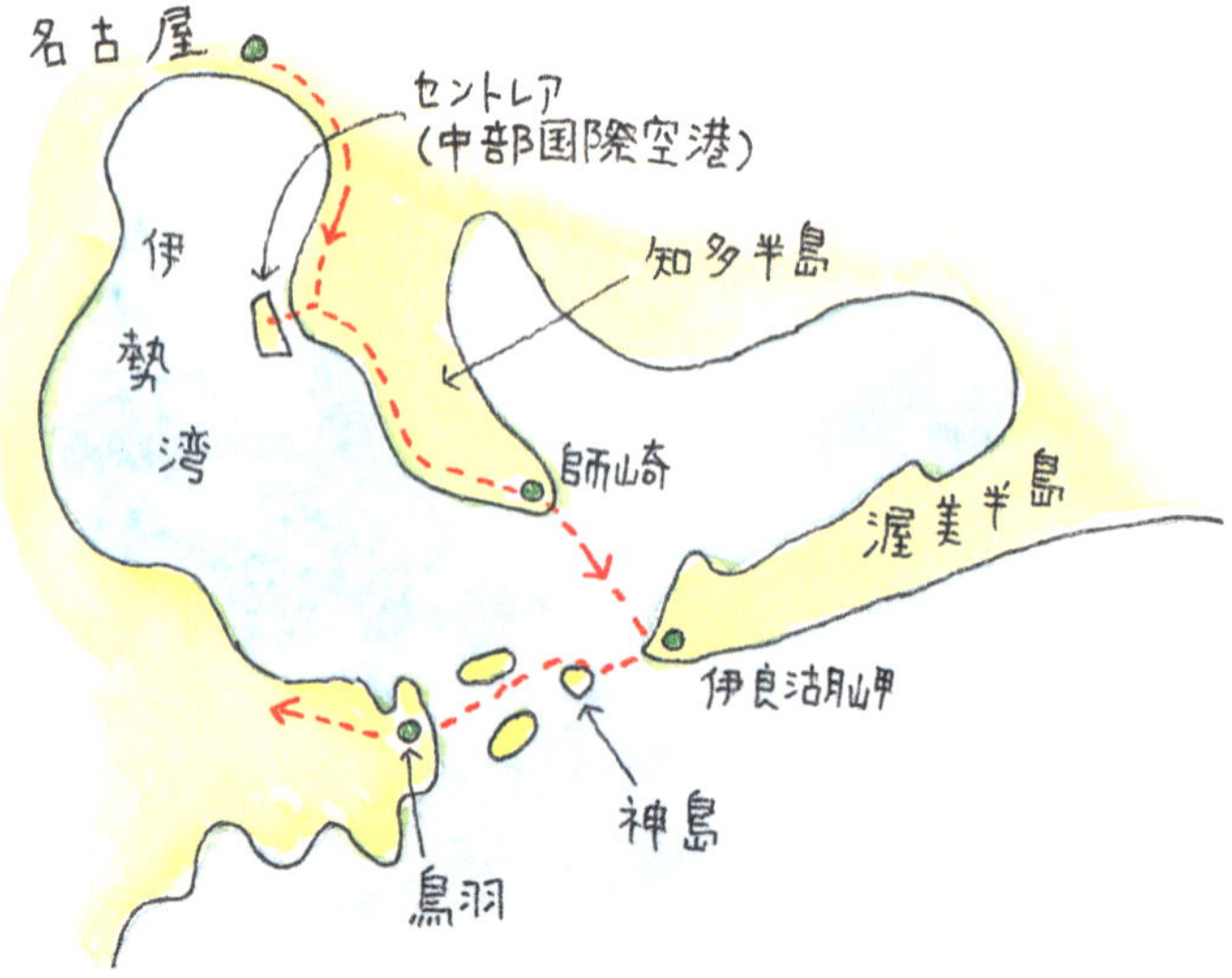

港周辺に密集している神島の集落。ここでは、車を必要としない島の暮らしが営まれている。

石灰岩が風化してできた天然記念物のカルスト地形が、島の南西部の海岸にある。

とこの神島では、すべてにおいて正反対なのに、自転車で走る所がないという点では共通していることが痛快だった。

　こんな自転車の旅も、たまにはいい……。

　僕はそう開き直った。そして神島に滞在中は宿に自転車を預け、『潮騒』の島に思いを馳せてじっくり散策することにした。

☆

『潮騒』は健全な若い漁夫と美しい娘の純愛物語である。ふたりの出会いやドラマは実在する島の各所で展開されており、ついさっき読み終えた自分は胸をときめかせながら島を歩いた。

　そうか、この浜で新治は初江を見初めたのか……、なるほど、この神社だったら集落を抜け出して密会できるな……と、ライブ感覚に満ちた散策が楽しめるのである。

　島のハイライトはふたつあって、ひとつは新治と初江が裸で対峙する監的哨《かんてきしょう》。そしてもうひとつは、日本で最初の白熱球を用いた自家発電式の神島灯台だ。

　この灯台からの眺めは抜群で、渥美半島を挟んだ伊良湖水道を、貨物船や漁船がゆっくりと行き交う風景が望める。『潮騒』で新治は灯台長夫妻を訪ねたあと、この灯台からの坂を下りながら初江に語る。このときの台詞が僕はとても気に入っている。

「島の景色が日本で一番美えように、(歌島の人はみなそう信じていた)、

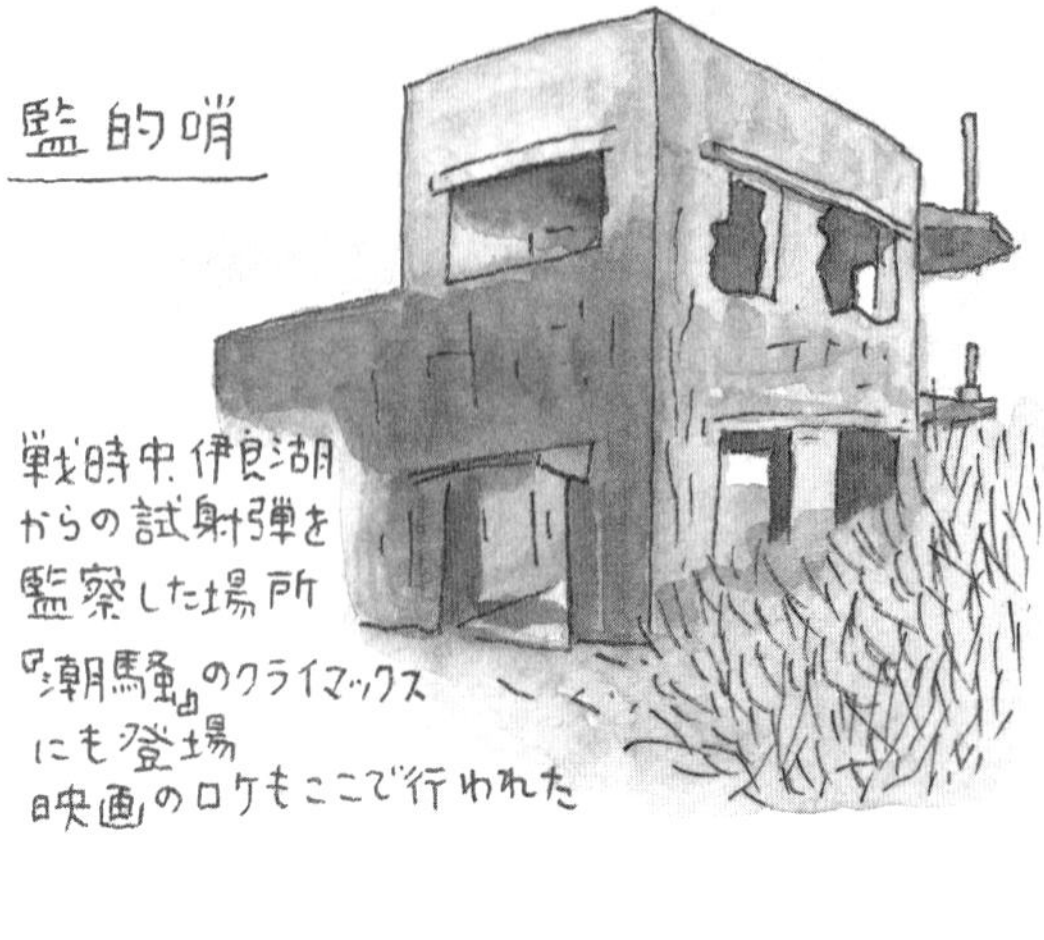
監的哨
戦時中伊良湖
からの試射弾を
監察した場所
『潮騒』のクライマックス
にも登場
映画のロケもここで行われた

またア、島の暮しはどこよりも平和で、どこよりも仕合わせになることに、力を協せるつもりでいるんや――（中略）――そいで泥棒一人もねえこの島には、いつまでも、まごころや、まじめに働いて耐える心掛や、裏腹のない愛や、勇気や、卑怯なとこはちっともない男らしい人が生きとるんや」（出典　新潮文庫版『潮騒』。小説では神島を歌島という名に変更している）

『潮騒』は純愛がテーマではあるけれど、神島を訪れた三島は、人々が島を愛し、神島に暮らすことに誇りを持っている姿に共鳴したからこそ、神島を舞台に小説を書いたのではないだろうか。灯台からの帰り道、美しい伊勢湾と港周辺に密集している集落を眺めて、そんなことを想った。

神島からの帰路は渥美半島ではなく、鳥羽へ渡った。

船の中で僕は『潮騒』を読み返し、巻末に書かれてあった三島由紀夫の年譜を読んだ。

１９２５年に生まれた三島由紀夫は１９７０年に市ヶ谷の自衛隊駐屯地で自決している。

そうか、三島由紀夫が自決した年齢と今の自分は同じなんだ、と感慨深くなった。

旅のおこづかいメモ

2月25日

八ヶ岳→名古屋（高速バス）	¥3,870
名古屋→中部国際空港（名鉄特急）	¥1,200
中部国際空港→常滑（名鉄電車）	¥300
師崎→伊良湖（フェリー）	¥1,020
伊良湖→神島（神島観光船）	¥1,000
昼食代（きしめん定食）	¥1,080
宿泊代（１泊２食プラス、ビール１本）	¥9,000

2月26日

神島→鳥羽（神島定期船）	¥710
鳥羽→名古屋（近鉄特急）	¥2,950
名古屋→八ヶ岳（高速バス）	¥3,870
昼食代（そば、おにぎり）	¥580
合計	**¥29,450**

3日間の走行距離 …… **38.4km**

island trip
7
— 房総半島 —

東京に最も近い“島”!?
サーファーが集う房総半島を旅する

ACCESS

JRと私鉄が多数運航されているし、バス便も多い（あたりまえだけど……）。フェリーの場合は久里浜港から金谷港まで運賃700円。

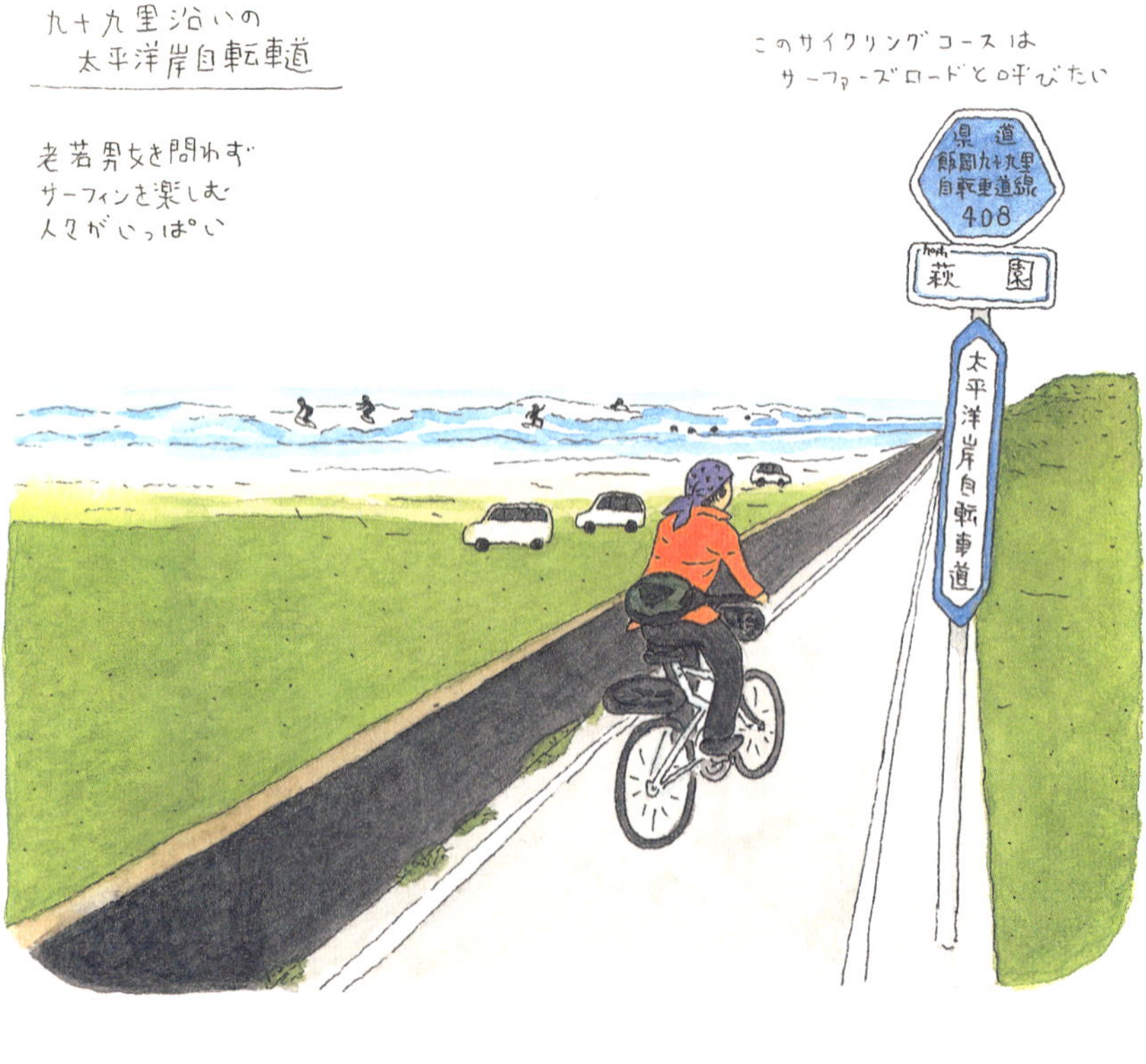

銚子の犬吠埼を出発して国道126号線を走り出したら、前方にたくさんの犬がいて吠えかかってきた。

鎖につながれていないし、首輪もついていない。雑種の群れで、全部で6匹もいる。

犬吠埼の近くだからって、こりゃないよな。噛みつかれたらやばいし、どうしよう……と戸惑っていたら、僕を救うかのようにタイミングよく軽自動車がやってきた。犬たちは一斉に軽自動車のもとへ駆け寄っていく。

「よし、よし。ほら、ごはんだぞ」

車から降りた年配の男性がドッグフードを与えると、犬たちは僕の存在をすっかり無視して夢中で食べはじめた。

「こいつらは野犬でな。歩いている人や自転車が来るとエサをもらえるんじゃないかと思って吠えかかるんだ」

そりゃ、あんたがエサを与えているからでしょ、と思ったが、犬たちを見つめる男性の横顔は穏やかで、優しく感じられた。

僕はその場を去って、国道126号線を西へ進んだ。そして『太平洋岸自転車道』の標識を前方に確認してその標識に従って進み、九十九里浜沿いに延びるサイクリングロードに入った。

『太平洋岸自転車道』はネーミングが示すとおり、太平洋に面した平坦なサイクリングロードだ。計画では銚子から太平洋に沿って西へ進み、和歌山県までつながる壮大な自転車道になるはずである。九十九里浜をすべて網羅しているわけではないが、ここから10km以上はサイクリングロードが続き、そのあとは途切れて、一宮海岸から復活して大原あたりまで整備されている。

昨夜まで雨が降り続いていたが、すっかり回復して美しい青空が広がっている。暑くもなく、寒くもなく、強風もなく、自転車の旅には最高のコンディションだ。

潮風が心地いい浜辺には、ハイエースなどのワンボックスカーやステーションワゴンが並び、

太平洋岸自転車道は千葉県以外に静岡県も整備されている。太平洋岸のすべては無理としても、九十九里浜くらいは全域を網羅してもらいたいと思う。

黒いウエットスーツに身を包んだサーファーたちが波に浮かんでいた。

僕はアイポッドを出して、イヤフォンを両耳にセットした。国道126号線は大型トラックも走っていたが、ここからしばらくは車に怯える心配もない。音楽を聴きながら自転車を走らせても問題ないはずだ。

九十九里はサーファーが多いからジャック・ジョンソンにしようかな。いや、あまりにも定番すぎるからこっちにしよう、と20代によく聴いていたトーキングヘッズを選曲して、軽やかに自転車を走らせた。

☆

これまで僕は日本の島を自転車で旅して、紀行エッセイを書いてきた。それなのに、千葉の九十九里浜を走っているなんておかしくないか？　と思う読者も少なからずいることだろう。しかし、地図を開いて千葉県の県境を見ればわかるはずである。じつは千葉県は島だったんだ、と。

とりあえず地図を見てもらいたい。太平洋と東京湾に挟まれた房総半島は当然として、注目すべきは陸地の県境だ。千葉県は利根川と江戸川によって他県と隔てられていることがわかる。つまり、千葉県は陸地続きではなく、周囲はすべて水で囲まれている。だから定義上『島』と呼んでも間違いではないのである。

じつはこのエピソード、数年前にマンガ週刊誌で企画され、本当に島なのかシーカヤックで一周することによって立証してみようと、海洋ジャーナリストの内田正洋と海洋冒険家の白石康次郎、そして僕の3人で『千葉島一周エクスペディションチーム』を結成して、編集者とカメラマンらと一緒に銚子から利根川を遡り、江戸川を下って東京ディズニーランド沖まで航行した。

九十九里にいるのはサーファーだけでない。ギターをかき鳴らして歌っている若者に青春を感じた。

次は東京湾と太平洋をシーカヤックで旅して、千葉県が島であることを広くアピールしようと企てたのだが、メンバーそれぞれが多忙なために実現できないまま時が過ぎてしまった。

ならば、日本の島を自転車で旅している僕が単独で続きを再開しようと、シーカヤックで出発した銚子から逆行して九十九里浜を自転車で下っている、というわけである。

九十九里の海岸が首都圏のサーファーにとって最高のフィールドであることは知っていたが、どの海岸にもサーファーがいることには「さすがは九十九里」と感心した。

以前の僕ならサーフィンに見向きもしなかったが、３ヶ月前にハワイで生涯初めてのサーフィンを元世界チャンピオンから指導してもらい（最初のテイクオフでしっかり乗れてしまったのだ）、自分に縁のない世界には思えなくなっている。ロングボードの普及で昔よりも乗りやすくなっていることもあるが、この年になって今さら……と思っていた世界が、じつはそうでもなかったことがわかって、自らを閉じ込めていた殻が破れた気もする。サーファーの人口が増えているそうだけど、それは僕のような人間が少なからずいるからだろう。

あの人はうまいなあ、こっちの人はまだ初心者かな、というように、ときおり自転車を止めてサーフィン見物を楽しみながらスローペースで自転車を走らせた。

昼食は、情報誌に掲載されていた九十九里町の海鮮レストランにしようかな、と考えていた。ところが、九十九里町に入る手前で僕は自転車のブレーキをかけた。

道路沿いに古めかしい魚屋があり、そこには刺身定食の旗や手書きで「イワシ定食」「アジ定食」と書かれた立て看板があった。

店の名は金沢魚店。平屋建ての古い家だし、店頭にはアジが干してあって、料理屋とは思えない外観だった。

手書きの文字も拙くて、怪しいなあ……と警戒心も起きたが、イワシ定食もアジ定食も７５０円で、イワシ天丼は５５０円という安さだし、どことなく惹かれる雰囲気があった。

九十九里ビーチラインと呼ばれる県道30号線沿いにある金沢魚店。サーファーたちの間では評判の店らしく、店内には坂口憲二らのサイン色紙や写真が飾られていた。

こういう店に入って冒険してみるのも島旅の魅力じゃないか。そう思って勇気を出して店内に入った。

中には頭に鉢巻きをして、いかにも魚屋、という感じの頑固そうな親父さんがいた。テーブルには、これまたいかにもサーファーという雰囲気の日焼けした若者4人が定食にむさぼりついている。

奥のテーブルに座った僕は、「イワシ定食をください」と注文した。ところが親父さんは無愛想に「今日はイワシは入荷してない。刺身はできないよ」と答えた。

「じゃあ、イワシの天丼はできますか?」

「……」

親父さんは一瞬黙って、僕を見つめた。

「今はイワシよりもアジのほうがおいしいんだよ。うまい刺身を食べたいんだったら、アジにしなさい。絶対においしいから。ウソだと思ったら兄ちゃんたちに訊いてみな」

親父さんがそういうと、定食を食べていたサーファーたちは「ホント、ウマイッすよ」と口々にいった。

九十九里といえばイワシ、というイメージがあったからイワシを食べたかったが、この雰囲気でなおもイワシを注文する度胸はない。

親父さんのアドバイスどおり、アジの刺身定食を注文したが、たしかにそれはほっぺたが落ちるくらいのレベルのうまさだった。醤油皿に浸けた瞬間、脂が浮かぶくらいで、身がプリプリとしているし、甘みもある。思わず顔がほころんだ。

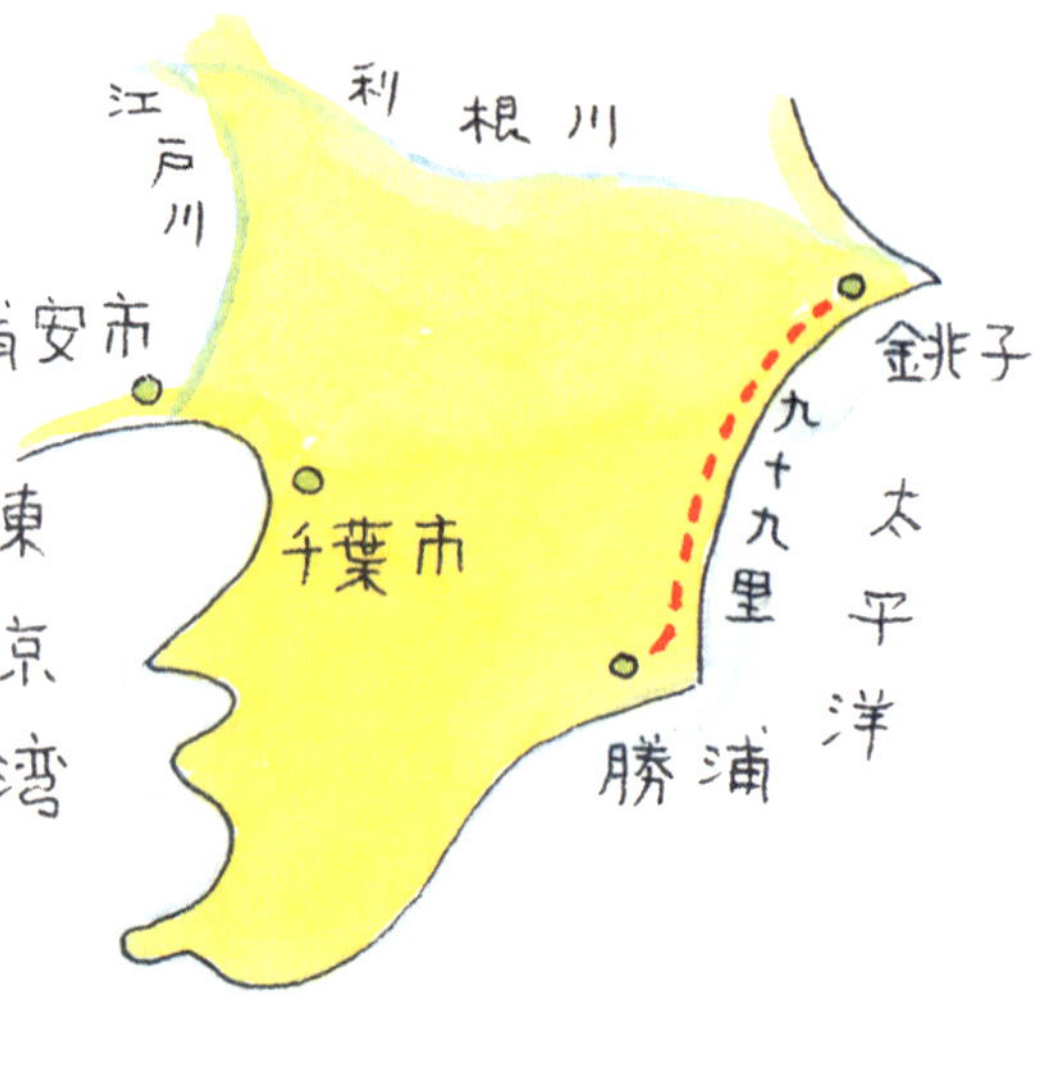

「な。おいしいだろ。俺はウソつかないだろ。このアジは今朝、銚子で獲れたものだ」

うなずくしかなかった。あまりにおいしいものだから、刺身だけでなくアジの天ぷらも食べてみたくなった。

「すみません、アジの天ぷらをお願いできますか？」

注文すると、親父さんはまたも黙って僕を見つめた。

「天ぷらを食べるんなら、アジじゃなくてイワシにしなさい」

「はあ？」

会話を聞いていたサーファーたちは、「客が食べたいっていってるんだから、素直に出せばいいでしょ」と笑った。

「なにいってんだ。アジの刺身を食べてんだから、天ぷらもアジを食べることはないだろう。せっかくならイワシも食べたほうがいいだろうと思って、俺はいってるんだ」

さっき、イワシを頼んだときはアジにしろっていったくせに……と思ったが、親父さんのいうことももっともだ。またも親父さんの言葉に従ってイワシの天ぷらを注文した。

イワシの天ぷらは九十九里で獲れたセグロイワシだというが、これまた絶品だった。

「こんなにおいしいアジとイワシは、今まで食べたことないです」

お世辞抜きにそう思った。両方合わせて１２００円の食事代が格安に思えるほどだ。

「気をつけてな。また来いよ」

日本三大朝市といわれる
勝浦の朝市
400年以上前から開かれている
おいしそうな
魚介類が並ぶ

会計を払った僕はおじさんに見送られて、自転車を走らせた。自転車のペダルを漕ぎながら、本当にまた来るぞ、と僕は何度も思った。

☆

宿泊は朝市が開催される勝浦に決めていた。

ネットで検索していたら、勝浦に格安で泊まれるバックパッカーズがあったのだ。

予定では勝浦まで走るつもりだったが、天気がいいし、サーフィンを見物するのもおもしろくて休憩が長くなり、日暮れ前に到着できそうになくなった。

しかし、ありがたいことにこの島には鉄道が走っている（鉄道がある島なんて、モノレールがある沖縄本島以外にはここしかない。それにこの島には国際空港も、ディズニーランドもあったりする）。わが愛車のフォールディングバイクＭＲ４Ｆはこういう場合にこそ、真価を発揮する。

上総一宮駅から御宿駅まで列車に乗り、再び自転車を組み立てて『ライジングサン・バックパッカーズ』に向かった。

僕を迎えてくれたのは、殻をむいたゆで卵のようにツルンとした顔立ちの美女だった。

オープンしたのは1年前で、目の前が海というロケーションから想像できるとおり、スタッフも宿泊客もサーファーの宿である。マンションの3階部分を宿として開放してあって、ラウンジやキッチンなどの設備は快適だし、室内は清潔だ。サーファーでない旅人が泊まっても寛げる南の島のコテージのような雰囲気がある。

自転車で来た旅人は僕でふたり目とのことだった。「僕は自転車で日本の島を旅しているんですよ」と、スタッフの美女に説明したが、彼女は千葉県が島だとは思っていないようだった（あたりまえか）。

写真右）勝浦のライジングサン・バックパッカーズは、和のテイストとバリ島のテイストが融合した快適な宿だった。
写真左）思わず写真を撮ってしまったインパクトある看板。こう書いてあるということは、こうしてしまう人がいるということなのか。

　翌朝は勝浦の漁港近くで開かれている朝市に出かけた。

　アジの干物やサザエなど、おいしそうな魚介類が道端に並ぶ。

「安くしとくよ、買ってかない?」と、声をかけられたが、自転車の旅だと買ったものを運ぶのに苦労する。自宅まで宅配便で送れるよ、と教えてもらったが、そこまでして買う気はない。ひととおり見物して、写真だけ撮って、朝市をあとにした。そのあとＪＲ勝浦駅まで走って、ＭＲ４Ｆを畳んで輪行袋に収納して東京行きの特急列車で帰路についた。

　列車に乗って帰れる島なんて、この千葉くらいだろう。利便性の面でも日本一の島なのである。

　今回は、銚子から勝浦まで走って旅を切り上げたが、また近いうちにここを訪れて、東京から最も近いこの島を自転車で1周してみたいと思う。

旅のおこづかいメモ

4月24日

交通費

八ヶ岳→新宿（高速バス）	¥2,300
新宿→銚子（中央線、総武線）	¥3,510
宿泊代（１泊２食）	¥7,980

4月24日

昼食代（アジ刺身定食、イワシ天ぷら）	¥1,200
宿泊代（素泊まり　個室）	¥3,500
夕食代（ハンバーグ定食、生ビール）	¥1,600

4月26日

朝食代（コンビニで買い出し）	¥713
昼食代（オムライスセット）	¥880
勝浦→新宿（外房線、中央線）	¥3,190
新宿→八ヶ岳（高速バス）	¥2,300
合計	**¥27,233**

3日間の走行距離 ……… **92.3km**

island trip
8
— 北大東島 —

海から陸へひとときの空中散歩
南海の孤島、大東島へ

ACCESS

大東海運がほぼ5日おきに那覇泊港フェリーターミナルより就航。所要時間は約13時間、運賃4,620円。空路は琉球エアコミューターが那覇～北大東が1日1便、那覇～南大東が1日2便運航している。運賃は24,900円。

フェリーターミナルのポジションが、その島の環境を物語っている気がした。

那覇は泊港にある離島便発着フェリーターミナル。入り口の脇には運航状況を示すボードがあって、座間味島、久米島、粟国島、渡嘉敷島という順番で1番から4番までの切符売り場の番号が表示されているのだが、北大東島と南大東島へ向かうフェリー『だいとう』は扱いが他の島と異なっていた。

ボードの末尾に並ぶ『だいとう』の窓口番号は手書きで2Fと書かれている。しかも、3Fと書かれた文字の上にマジックインクで×がつけられ、2Fと訂正されていたのだ。

その表示に従って2階に進むと、ドアに「大東海運株式会社」と書かれた事務所があった。

「今日の便を予約してある斉藤ですが…」

事務所に入って声をかけると、女性職員は名簿をチェックして、ベッド番号が書かれた乗船券を僕に販売した。片道2等運賃4620円である。

「乗船場所は少し離れてます。ここから見えるかしら？　あのクレーンが立っている所にフェリーが停泊しています。午後3時に乗船開始で、5時前に出航します」

他の航路はターミナルのすぐ前から出航するのに『だいとう』は離れた場所から出航する。これまた、島を訪れる人の数や島の位置を物語っているな、と思った。

梅雨に入って雨が続く那覇の空の下、輪行袋に入った自転車を持って乗り場へ向かう。

そこに停泊していた『だいとう』は貨物船のような雰囲気だった。客室よりも荷物を積むデッキのほうが広い。そして船員たちは雨の中、クレーンでコンテナの積み込み作業に励んでいる。

その光景を見て、そうだよな、『だいとう』は荷物も人も同じ扱いで上陸するんだよな、とうれしくなった。

北大東島と南大東島。両方合わせて大東島と呼ばれるこの島は、沖縄本島から東へ約400km

那覇と大東島を結ぶフェリー『だいとう』は所要時間は約15時間で2等片道料金は4620円。

離れた絶海にぽつりと浮かんでいる。

南海の孤島というイメージがしっくり来る大東島の名が一躍脚光を浴びるのは、夏から秋にかけての台風のシーズンだ。周囲に陸地がないこの海域は台風の通り道であり、台風発生の第一報は南大東島の気象台から発令されるケースが多い。

しかし、大東島は島好きの旅人たちの間では別の意味で名が知られている。

珊瑚礁が隆起してできた大東島は、海面からそそり立つ断崖絶壁の島であり、周囲がすべて外海の荒波にさらされているため、普通の島のように船を接岸することができない。そこで大東島では船を接岸せずに、クレーンで荷物も人もすべて吊り上げて上陸する、という荒技を用いているのだ。

こんな大胆な上陸方法を体験できるのは、島国ニッポンとはいえ大東島しかない。しかも、この『だいとう』の運航はほぼ5日おきしかなく、海が荒れて欠航したり遅延するケースが少なからず起きる。大東島への船旅は秘境への旅といっても過言ではないのだ。

僕が訪れた6月7日は前日まで『だいとう』がドック検査を受けていたために、10日ぶりの運航となったが、乗客は北と南の両方を合わせても30人未満だった。

ほとんどが島の住民らしき乗客だが、自分と同年代と思われるバックパッカーの男がひとりだけ乗船していた。

「どちらの島に行くんですか？」

その言葉をきっかけに、僕らは会話を交わした。『だいとう』は航海ごとに北と南の先行順を変えている。この日の運航は南先行で、バックパッカーの男は南大東島に行くという。

「大東島を旅したことがあるんだけど、そのときは飛行機で行ったものだから、まだクレーンを体験してないんですよ」

彼はクレーンに吊られたくて、はるばる静岡県から来たというから、ディープな旅人だ。

写真右）船内にはサロンがあるだけで、食事を提供する施設はない。出航前に食料を買い込む必要あり。
写真左）断崖絶壁の北大東島。100年前に開拓者が初上陸を果たした港が東海岸に残っている。

「あなたは？」と聞かれ、僕は「最初に北大東島へ行って、その日のうちに南大東島へ行きます」と答えた。

じつは『だいとう』のタイムスケジュールは変わっていて、南先行の場合だと那覇を17時に出航したあと翌日8時に南大東島に到着、人と荷物の積み降ろしが終わったら、すぐに出航して10時には北大東島へ着く。それからゆっくりと荷物の積み降ろしをして、夕方16時に北大東島を出航して17時に南大東島に戻る。その日は南大東島に停泊して、翌日14時に南大東島を出航して北大東島経由で那覇へと向かう。

わかりづらいかもしれないけれど、南先行の場合は南大東島で先に降りると、1度の航海で北大東島に上陸できないが、北大東島に先に行けば、北大東島に数時間だけ滞在したあとに南大東島に上陸できるのだ。

「なるほど。北大東島と南大東島のどちらにもクレーンで上陸できるってことか。北先行だったら南へ先に行けばいいのか…」

男性は僕の説明に納得したようだった。狭い船内はベッドの船室以外に応接室のようなサロンがあるだけで、食堂もなければ売店もない。出航してしばらくすると、揺れも激しくなったきたので、自分のベッドに潜り込んでひたすら眠った。

☆

翌朝、到着を知らせるアナウンスで目が覚めた。

デッキに出ると直線的な陸地が続く南大東島が広がっていた。港には高さ30ｍはあると思われる大型クレーンが待ち構えている。

「あのクレーンですね」

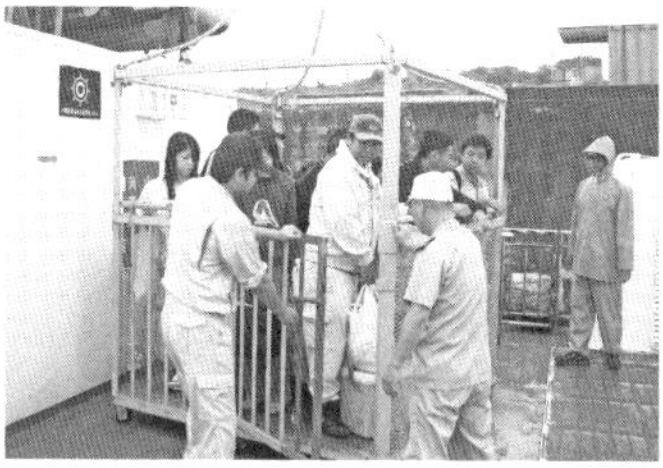

写真右）船員も住民たちもクレーンに慣れていて、てきぱきと上陸作業が進む。檻は想像以上に頑丈で、クレーンで吊るされてもびくともしない。
写真左）どんな荷物もクレーンで吊り上げて積み降ろし作業を行なう。車だって楽々と持ち上げて島に上陸する。作業の手際のよさに感心した。

バックパッカーの男と僕はクレーンを眺めてニタリと笑った。

やがて船はアンカーを打ち、繋留ロープを発射して、港から10mほど離れた場所に停泊した。

船は揺れ続け、波は絶えず岸壁を打ち続けている。接岸せずにクレーンで吊る理由がよくわかる。この状態で岸に接近しても上陸できるはずがないし、船は岸にぶつかって壊れてしまうだろう。

感心して眺めていると、クレーンで吊られた檻が船のデッキに下ろされた。中でヒグマが飼えそうなくらいに丈夫な檻だ。

バックパッカーの男も含めて南大東島で下船する10人程度が乗り込むと、スーッと天高く上がった。

ゆっくり吊るされると思っていた僕は、その速さに驚いた。マジックショーを見ているみたいに檻は軽やかに宙づりになっている。高さは水面から20m以上はあるだろうか。檻の中の乗客たち、とくにバックパッカーは満面の笑みを浮かべていた。

3度に分けた乗客たちの上陸が終わると、次はコンテナ、さらに車までもが見事にクレーンで吊るされて上陸。船の荷物は減っていき、作業は流れるように進行していった。

「じゃあ、あとで会いましょう」

岸壁からこちらを撮影しているバックパッカーにあいさつして、フェリーの『だいとう』は南大東島を出航した。

北大東島には1時間程度で到着。北大東島で降りるのは南大東島の半分以下で、島の規模を反映していた。

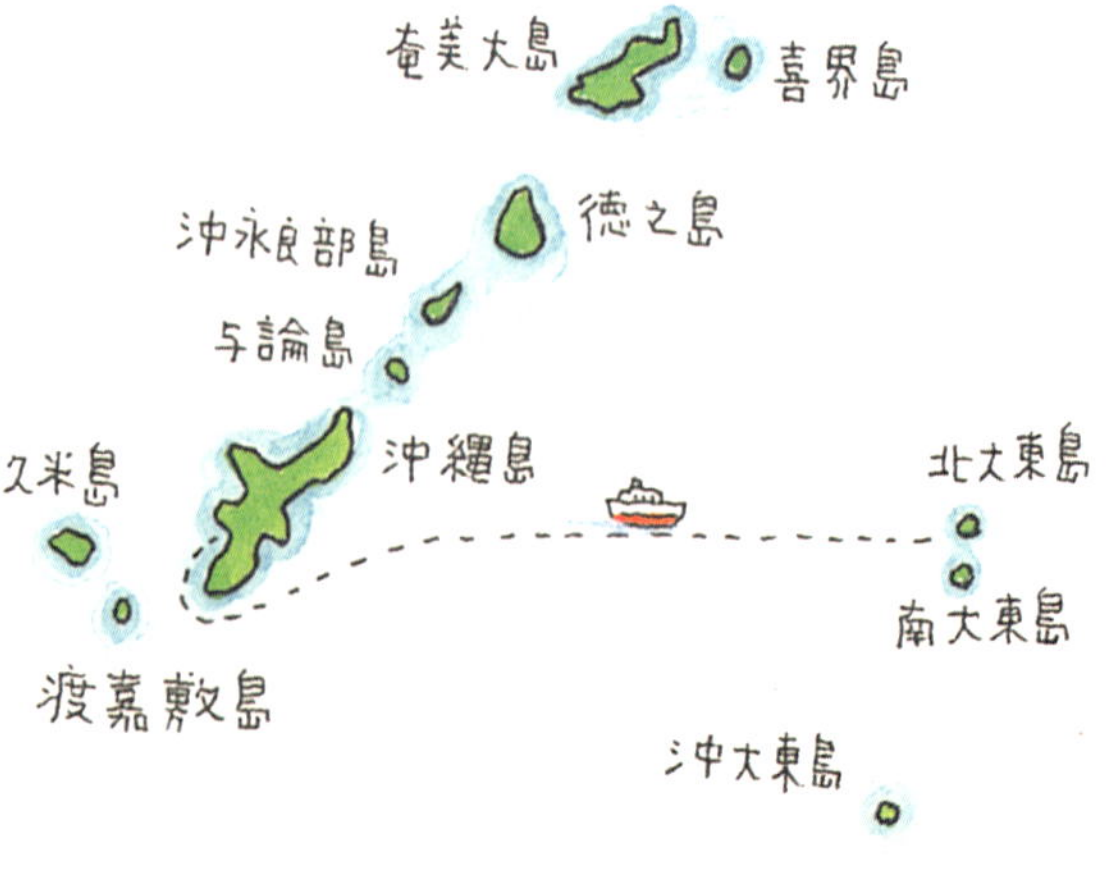

先ほどと同じく艦がクレーンで吊るされて船のデッキに着陸した。

さあ、いよいよ自分の番だ。

他の乗客が乗り込んだあと、輪行袋に入れた自転車とともに僕が乗り込み終えると、船員さんは扉を閉めてロックした。まさに艦に閉じ込められた気分である。

次の瞬間、スーッと僕らは空中に浮かんだ。〝浮遊〟という言葉も頭に浮かんだ。

「わあ、高いねえ！」

小さな子を連れたおかあさんがはしゃいだ声をあげた。ショックは何もないスムーズな上昇で、観覧車に乗ったみたいに、海岸と海が見渡せた。晴れ晴れしい気分である。

しかし上昇のあとは横にスライドしてすぐに下降。まったくショックがないままスムーズに上陸できた。

腕時計のストップウォッチで測ったら、浮遊してから着地するまで32秒である。自転車を抱えて揺れるタラップを歩いて渡るよりも、このほうがずっといい。これは大東島ならではのオープンスタイルのエレベーターなんだな、と感心した。

☆

クレーンによる感動の上陸を果たした僕は、愛用のジャイアントＭＲ４Ｆを組み立てて、北大東島を走り出した。

小さな漁船ごと
吊られて上陸
まさにフライング
ボート

南大東島に向けて『だいとう』が出航するまで、残り5時間だ。バスもタクシーもレンタカーもない周囲数kmの島を短時間で巡る方法として、自転車は最高だとつくづく思う。

北大東島は沿岸部分が盛り上がって、中心部分が窪んだ地形をしている。集落の中心にある村営宿泊施設で昼食をとったりして、島の周囲をゆっくり走ったが、この島が沖縄の島としては特異であることがよくわかった。

島といえばビーチが定番だけど、この島は周囲すべてが断崖になっていて、海に入れるビーチがどこにもない。旅人が少ないのも当然である。そもそも大東島は北も南もこの地形ゆえに、人々の上陸を拒み続けてきた。人々が上陸して定住してからまだ100年程度の新しい島なのだ。

ひととおり巡ったあと、港に戻ると、乗客は自分も含めてわずか2名しかいなかった。

またもクレーンに吊られて『だいとう』に乗り込む。このあと南大東島でもクレーンに吊られるわけで、1日に3回も吊られる異体験ができるなんて、単純にうれしい。

来たときと同じように1時間程度で到着。

これから繋留作業に入るわけだから、まだしばらく時間がかかるだろうな。そう思ってサロンで寛いでいたら、船員さんがやって来た。

彼は手にオレンジのライフジャケットを持っていた。

「このライジャケを着用してください」

「えっ?」

北大東島は平坦で自転車で走るにはちょうどよかった。沖縄の島らしく、サトウキビ畑が広がる。

ライフジャケットを着用するなんて、何か事故でも起きたのだろうか。不安のまま着用したら「では、こちらへ」と誘導された。

下のフロアに降りると、小さな船が『だいとう』に横づけされていた。

「この船に乗ってください」

「はあ？」

最初はわけがわからなかったが、船員さんの説明を受けて納得した。

今日の荷揚げ作業は終了している。たった2名の乗客のために、南大東島に『だいとう』を繫留するのは面倒だ。それよりは小さな船に乗客を乗せかえて上陸したほうが手っ取り早い。いわゆる『はしけ』である。

自転車とともに僕らが乗り込むと、船は陸地に向かった。そして岸に近づくと、空からクレーンのフックが降りてきた。

なんと、船ごと吊り上げてしまうのである。

「オーッ、すごい！」

僕らを乗せた船はいとも簡単に水揚げされて、空中に浮かんだ。

顔がついにやけてしまう。さっきが観覧車で、今度がフライングボートだなんて、この島は最高のアトラクションではないか！

無事に上陸すると、あのバックパッカーがこちらに向かってカメラを構えていた。

「いいなあ、うらやましいなあ」

彼がそういうものだから、僕はますます誇らしい気分になった。旅人は少ないだろうけど、この島は絶対おもしろいはずだと確信した。

旅のおこづかいメモ

6月7日

八ヶ岳→新宿（高速バス）	¥2,300
新宿→羽田（リムジンバス）	¥1,200
羽田→那覇（飛行機＝特割7）	¥32,000
那覇→北大東島（フェリー）	¥4,620
朝食代（空弁）	¥800
昼食代（そーきそば）	¥630
食料購入（夕食及び朝食）	¥1,043

6月8日

北大東島→南大東島（フェリー）	¥690
昼食代（ランチ定食）	¥700
夕食代（居酒屋）	¥2,250
合計	**¥46,233**

island trip 9

— 南大東島 —

かくも厳しく美しい 南大東島の大自然

ACCESS

大東海運がほぼ5日おきに那覇泊港フェリーターミナルより就航。所要時間は約13時間、運賃4,620円。空路は琉球エアコミューターが那覇〜北大東が1日1便、那覇〜南大東が1日2便運航している。運賃は24,900円。

透明度バツグンの地底湖
太陽が降り注ぐ南の島の地下
光がない闇の世界に
こんな美しい湖があるなんて…
鍾乳洞のようになっている
抜群の透明度を誇るクリアブルー

漁船ごとクレーンに吊られて南大東島に上陸した僕は、愛車ＭＲ４Ｆを組み立てて海沿いに島を南下した。

岩礁に囲まれた南大東島は、北大東島と同じく、海水浴ができるビーチはない。ただし、泳げる場所はある。岩を掘り込んで作った天然海水のプールがあり、島の子供たちはそこで海水浴を楽しむのだ。

その中のひとつ、塩屋の海水プールに立ち寄った。なんとも豪快なプールである。その姿は、波打ち際の露天岩風呂にしか見えない。プールの名前が『沖縄海』と書いてあるあたりが、沖縄県でありながら沖縄とは違う島の実情を物語っているなと思った。

僕は自転車を降りてプールに足を浸して、断崖が続く海岸を眺めた。

よくぞこの島を開拓したものだなと、つくづく思う。沖縄の人々は古来から島の存在を知ってはいたが、絶海に浮かぶ断崖の地形ゆえに開拓に乗り出す者はいなかった。

無人島として長く続いた歴史に終止符を打ったのは、大東島のはるか東、八丈島出身の玉置半右衛門だというから、海の男たちの壮大なドラマを感じる。

明治33年1月、開拓主の玉置半右衛門の命を受けた開拓者23名は八丈島から海路60余日をかけてこの島にやってきた。すぐには上陸できなくて、アプローチできる場所を探し、3度目の挑戦で初上陸を果たして、大東島の有史が刻まれた。そのため、大東島は沖縄でありながら八丈島の文化も色濃く残っている。たとえばこの島の名物、大東寿司がそうだ。大東寿司はサワラなどの白身魚を醤油のタレに漬け込んでネタにした寿司だが、これは八丈島や小笠原諸島の島寿司と同じである。

また、この島では沖縄のテレビ放送が映らないのに、フジテレビやＴＢＳなど東京で視聴できるテレビ放送が受信できる。通信衛星を利用しているからだけど、東京都でもある八丈島と結びつきがある大東島らしいエピソードだと思う。

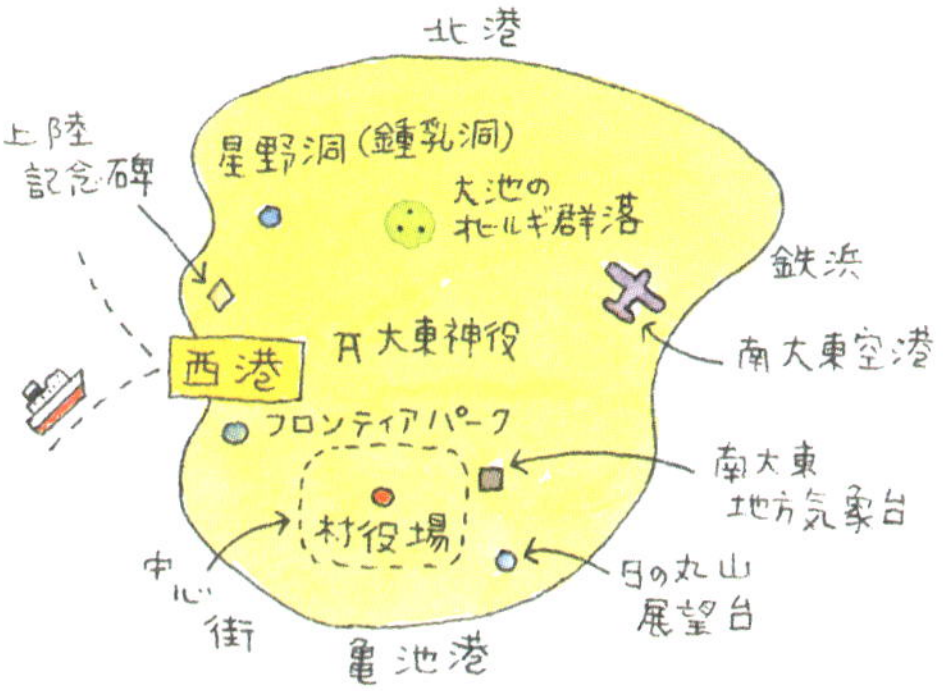

ひととおり島を走ったあとは、予約してあった素泊まりの民宿に向かった。

1泊2500円の安宿で、工事関係の男たちが数名泊まっていた。

「夕食はあの角に居酒屋があるから、そこで食べるといいサァ」

南大東島は工事関係者が多く、それに対応して飲食店も意外なくらいに並んでいるが、宿の主人は1軒の店を指名した。店に入って納得した。そこは宿が経営している店だったのだ。

店に入った僕は、おすすめはなんですか？　と女将さんに訊ねた。

「今日はインガンダルマがある」

「え？」

女将さんが何をいっているのか、わからなかった。聞けばそれは大東島でしか獲れない深海魚で、人間には吸収できない脂質が含まれているため、一般には流通が許可されていない禁断の魚だという。

食べ過ぎると腹が大変なことになると脅されて食べたが、たしかに脂は濃厚でまったりとしていて、数切れ食べただけで満足できた。おいしいんだけど、これ以上食べたら体に悪いだろうなと思わせる食感だった。

☆

翌日は島の北部へ向かった。

途中で星野洞という鍾乳洞を案内する標識があったので、そちらに向かってぶらりと走る。サトウキビ畑の細い道を進んだところに石を積み上げた鍾乳洞の入り口があり、プレハブ小屋程度の小さな案内所があった。800円の入場券を買うと、男性は「はい、これ」と、大型懐中電灯と小型のラジカセを僕に手渡した。

かつてこの島を訪れたヨーロッパの地質学者が「こんなに美しい鍾乳洞は見たことがない」と絶賛した星野洞。

男性に案内されて入り口の扉を開けると、その先はコンクリートで囲まれた50mくらいの不気味なスロープになっていた。男性が入り口横のブレーカーのスイッチをパチン、パチンと入れると蛍光灯の照明が灯された。

「では、ごゆっくりと」

えっ、たったひとりで中に入っていくわけ？

ビビってしまった。足音が響くスロープを下っていくと、どん詰まりには外気に触れさせないための扉がある。扉に手をかけて振り向くと、光に満ちた地上への扉がずいぶんと遠くにあるように感じられた。

この中には誰もいないんだよな。帰りたいなあ……。そう思いつつも、勇気を出して扉を開いた。すると冷気が漂ってきた。

扉の閉まる音が洞内に響き渡る。奇怪な形状をした鍾乳石がライトアップされていたが、この奥深い洞内に今、自分しかいないんだと思うと、ますます逃げ出したい気分になった。

カセットの再生ボタンを押すと、女性の声で「みなさま、ようこそいらっしゃいました。星野洞は……」とガイドが始まったが、その音が道内に響くとさらに気味が悪くなった。

溶けて流れたロウソクが無数に並んだような鍾乳洞にたったひとりでいることが、これほど恐ろしいとは思わなかった。下手なホラー屋敷以上の恐怖感がある。

しかし、時間が経つにつれて、この特異な状況にも少しずつ慣れてきた。

何万年もの歳月をかけて形成された鍾乳洞をたったひとりで独占しているなんて、普通では考えられない。観光客や旅人が少ない大東島ならではの贅沢じゃないか。

そう開き直ることで、心にゆとりが持てた。

そしてこの鍾乳洞が半端でなく大きく、しかも美しいことがわかった。

鍾乳洞マニアではないけれど、秋吉台や龍泉洞、飛騨など、有名な鍾乳洞はこれまでひととお

写真右）インガンダルマと聞いて、食べ物を想像できる人はそういないだろう。おいしいんだけど、体に悪いんじゃないかな、と思える怪しい味だった。
写真左）大東諸島にだけ生息する天然記念物のダイトウオオコウモリ。そのオブジェが公園のトイレに作られているが、正直いってかなり不気味。

り見て回っている。それらと比べてこの星野洞はヒケをとっていない。むしろ鍾乳石の神秘的な美しさに関しては、こちらが勝っているように思う。

ガイドのテープをひととおり聞いて見物し終えた僕は、おおいに満足して、再び島をぶらぶらと走り回った。

その夜も、昨晩と同じ居酒屋で夕食と生ビールをいただいた。

星野洞を見学して来た話を女将さんに話したら、彼女は目を輝かせていった。

「星野洞もいいけど、この島には地底湖があるの。それはもうきれいよ。普通は入れないんだけど『島まるごとミュージアム』の東さんにお願いすれば、案内してもらえる」

いつ帰るのかと聞かれて明日の午後の飛行機だと答えたら、明日の朝に案内してもらえるかもしれないと、女将さんは東さんに電話をかけて交渉が成立した。

地底湖の入り口は他人の土地であり、入らせてもらう許可料とガイド料で4000円かかるとのことだった。

☆

翌朝、約束の午前7時半に車でやって来た東さんは、旧南大東島空港の跡地を利用した『島まるごとミュージアム』に行き、長靴、ヘルメット、ヘッドライトなどを揃えてから出発した。

塩屋海水プール
北大東島にもあって それは「沖縄海」と名づけられている

切り裂かれた巨大な岩山が島の北部にある。大東島がフィリピン海プレートに乗って1年間に 7cm 移動しているために起きた現象であり、ここはバリバリ岩と呼ばれている。

東さんは東京生まれの東京育ちだが、祖母が南大東島の出身で、ルーツを探しに島へやって来たらすっかり気に入り、こちらで暮らし始めたという。

「島の人たちは、この島がいかにすばらしいかをわかっていないんです。隆起珊瑚礁で鍾乳洞がある島なんて、日本でここしかないし、世界的にも珍しいんですよ」

地底湖への入り口へ向かう道すがら、東さんはこの島の魅力をあれこれ紹介してくれた。

案内された場所は、畑の真ん中にある大きな窪みだった。樹木に覆われたその窪みは、干上がった池のように地面がえぐれており、洞窟になっていた。

東さんに続いて、真っ暗でゴツゴツとした洞窟の中へと下っていった。照明が設置された星野洞と違って、ここでは自分たちのヘッドライトしか灯りがない。しかし、東さんがいるおかげで、たったひとりの星野洞のような不気味さは感じなかった。湿度が100パーセントで、空気がねっとりしているが、気温が地上よりも格段に低いために不快な感じはしない。

星野洞のような鍾乳石が連なる洞窟を、両手でホールドしながらどんどん下っていく。この洞窟は太平洋戦争中に防空壕や住居として使われていたそうで、鍾乳石の色がところどころ変色しているのは、そのとき洞内で火を使った名残なのだという。

やがて広い空間に出ると、そこにはエメラルドグリーンの水を湛えた池があった。

「これが、大東島の地底湖か……」

まさに神秘的な風景だった。

太陽の陽射しが降り注いで植物がたくましく育つ南の島の地中に、太陽とは無縁であるがゆえに成り立つ自然の美しい風景が人知れず存在しているとは。

この水は有機物が混在していないピュアな液体のはずだ。僕は手ですくい、飲んでみた。

うまいか、どうかはわからない。ただ神聖な水のような気がする。

東さんの提案で、ヘッドライトの灯りを消してみた。光がまったく射し込まない。まさに一寸

1984年まで、サトウキビを運搬する専用鉄道のシュガートレインが島を網羅していたという。

先も見えない真の暗闇に包まれた。

この島って、やっぱりすごいな。

上陸するのがむずかしくて、光が届かない地中にこんな風景が広がっているなんて、地球規模のスケールが小さな島なのに実感できる。地底湖から地上に出たとき、外の風景が目映く感じたし、空気が濃厚な気がした。

こうして地底湖の魅力を堪能できた僕は宿に帰って帰り支度をはじめた。宿の主人が空港まで送ってくれるというので、好意に甘えた。

この島はかつて鉄道があった。サトウキビを運搬するためのシュガートレインで、使われていた小型の蒸気機関車が公園に展示されているし、島のあちこちには鉄道跡があって、「ここがそうサァ」と、宿の主人が道すがら鉄道跡を案内してくれた。

「もうすぐ台風が来るけど、台風のときは波を見に行くのが島の楽しみサァ。花火を見に行くようなものサァ」

主人はそのときの写真を見せてくれたが、たしかに花火の感覚に近いかもしれない。岸壁にぶつかった波しぶきの高さは10mを超えていた。

轟音とともにあがる荒波を見てみたいとは思うが、旅人がそれを体験するためには、台風シーズンに台風の合間を縫って大東島に上陸して、台風が来るまで待って、波が治まるまで帰れない、という条件をクリアする時間的余裕がなくてはならない。

それは南海の孤島の自然を体験する最良の方法だとは思うけれどね。

旅のおこづかいメモ

6月9日

星野洞入場料	¥800
昼食代（大東そば）	¥500
夕食代（居酒屋）	¥2,150

6月10日

朝食代（食料品店でパン等購入）	¥380
地底湖ガイド代	¥4,000
宿泊代（2泊ぶん）	¥5,000
昼食代（ソーキそば）	¥650
南大東島→那覇（飛行機）	¥22,800
那覇→羽田（飛行機特割）	¥32,000
羽田→新宿（リムジンバス）	¥1,200
新宿→長坂高根（高速バス）	¥2,300

4日間合計（前回北大東島編も含めて） **¥72,580**

4日間の走行距離 **67.5km**

island trip

10

— 対馬 —

船と自転車でのんびりと対馬経由コリア行きの旅

ACCESS

ジェットフォイルが博多～厳原を1日2便(壱岐寄港で所要時間2時間15分)運賃は7,700円。フェリーは1日2便(壱岐寄港で所要時間4時間40分)2等4,450円、自転車1,500円。また貨客フェリーも1日1便就航しているが不定期。空路はANAが福岡～対馬やまねこを1日4便、14,200円。オリエンタルエアブリッジが長崎～対馬やまねこを1日4～5便、15,400円。

椎根の石屋根
高床式の建物はアジア風で異国情緒を感じさせる
石の屋根は迫力がある

自慢するわけではないけれど、船で海を越えて外国に渡った経験が何度かある。大阪から中国の上海、下関から韓国の釜山、石垣島から台湾の高雄、そして稚内からロシアのサハリン、の4航路だ。

船で外国に渡ると、『海外』という言葉の意味を実感するし、非日常的なスピードで移動してしまう飛行機と違って、日本からどれだけ離れているか体感できる。デッキに出ることもできるから、その国の気候も上陸前に肌で知ることができる。

また、どの港にも出入国管理事務所があって、ちゃんと出国スタンプを押してもらえる。『NARITA』ではなく、『ISHIGAKI』とか『WAKKANAI』といった出国スタンプをパスポートに押されるわけだが、これが旅人は誇らしかったりする。さらに「これって、どこ?」と訊かれるようなマイナーな地名の出国スタンプがあると、ますます誇らしくなるのだが、そんな旅人の願望を叶えてくれる島を見つけた。

韓国に最も近い島、対馬である。

釜山と対馬を結ぶ船便が、かつては不定期だったが、現在は週に5便程度運航されているのだ。

釜山行きの船が出航しているのは対馬の玄関口といえる厳原《いづはら》港と、北端の比田勝《ひたかつ》港だ。

どっちがマニアックかといえば、普通の人が読めそうにない地名の比田勝港だろう。距離もこちらのほうが韓国に近く、わずか50㎞。2時間乗船していれば、韓国第2の都市である釜山に上陸できてしまう。

そこで僕は、比田勝港から釜山に渡ることを目的とした自転車の旅を計画した。

対馬南部の厳原港に上陸したら、比田勝港をめざして対馬を自転車で縦断する。そして比田勝港から船で釜山に渡航。釜山に行けば大阪行きのフェリーが運航されているから、それに乗船して帰国できる。その大阪行きフェリーは航路が魅力的で、関門海峡大橋をくぐって瀬戸内海に入ったら、しまなみ海道の来島海峡大橋、瀬戸大橋、明石海峡大橋というように、日本を代表する橋

午前10時に博多を出航したフェリーは、壱岐島経由で午後2時35分に厳原港に到着した。長時間の移動を続けてきた旅人の目には異国情緒が感じられる港町に見えた。

をくぐっていくのである。大きな橋を真下から眺められることから、特に韓国人には人気が高いそうだ。

さらに、このスローな旅をより楽しむための演出として、島へのアプローチもスローに徹した。八ヶ岳から高速バスで名古屋に行き、名古屋からは博多行きの深夜高速バスに乗り継ぐ。さらに博多港からは高速船ではなく、フェリーに乗船して対馬の厳原港へと向かった。

☆

対馬は数ある日本の島のなかでも異色の存在ではないだろうか？ どの島も○○島というように、名前の最後に島がつく。しかし対馬は島でなくて、馬だ。これはどういうことなんだ？

対馬に着いたらまずはこの謎を解明しよう。そう思って対馬の厳原港に上陸したら、港の地図には『対馬島』と書かれてあって、ガックリときた。

ただし、もともとは津島であり、それが中国名の対馬にあてはめられた、という説もあるようで、大陸に近い異色の存在であることには違いない。

まずは観光案内所で宿をいくつか紹介してもらい、素泊まりで料金が安くて町の中心に近い『海喜荘』を選んだ。

時刻は午後3時を過ぎていたが、晴天に恵まれて空は明るい。明日は朝から北へ向かって100㎞近い道程を走るわけだから、今日のうちに厳原から近い〝椎根《しいね》の石屋根〟を見物しておこうと思い立った。

それは椎根という集落に残っている高床式の建物で、強風にも耐えられるように板状の重い石を屋根材として使用していることが特徴だ。対馬でしか見られない建築物で、かつては対馬南部

やっぱりあった、この道路標識。でも実際に道路へ飛び出てくるのだろうか。自転車の前には出てきてほしい。

全域にあったが、現在は椎根でしか見られないそうだ。

部屋に荷物を置いて宿のおばさんに「椎根まで行ってきます」と伝えたら、おばさんは一瞬沈黙したあと僕に言った。

「自転車で行くの？　遠いわよ」

椎根は西海岸にあり、東海岸の厳原からだと対馬を横断しなくてはならないが、直線距離はほんの５㎞にも満たない。たいしたことないはず、と高をくくって走り出したが、途中でおばさんの言葉が真実味を帯びてきた。

対馬は山が深く、西海岸に行くには勾配が長く続く峠道を登り続けねばならないのだ。

峠を越えたときはうれしかったけど、帰り道に再びこの峠を越えなくてはならないのかと思ったら、椎根に向かって滑走していく気持ちのいい下り道を満喫できなかった。

しかし海岸に近い集落に下ると、気分は晴れ晴れした。すれ違った小学生が「こんにちは！」と大きな声であいさつしてくれたのである。

うれしい。見知らぬ人についていかないこと、話しかけられたら用心すること、という風潮があたりまえの世の中である。それなのに対馬の子たちは見知らぬ怪しい大人の僕に積極的に声をかけてくれたのだ。

しかもひとりでなく、すれ違うほとんどの小学生があいさつをしてくれる。さらに長い学生服を着て、眉毛を細く揃えた不良風の高校生までも「こんにちは」とあいさつをしてくれて、すっかりこの島を気に入ってしまった。

美しい風景に出会うよりも、地元の人間の笑顔や優しさに触れたほうが、その土地の印象は一段と良くなるのだと再確認した。

石屋根の建物も想像していた以上に美しくて重厚だった。木材の寂れ具合と石の重みがマッチしていて、重要文化財に指定されてもおかしくないくらいの趣きがあった。写真に撮って人に見

日本で３番目に大きな島、対馬を自転車で走っていると、四国の山中を走っているような気分になる。山間部の風景がとくに似ているのだ。

大東島ではダイトウオオコウモリの公衆トイレがあったが、対馬も負けていなかった。
ニッポンの島はオブジェのトイレが好きなのかな？

せれば「どこの国？」と訊かれるかもしれない。高床式と屋根の形状が東南アジアを連想させるのだ。

石屋根に満足して帰路につくと、予想どおり峠を下る途中で日が暮れてしまった。

宿を出るとき、ヘッドランプを持って行くべきかなと一瞬思って、結局持ってこなかったことを後悔した。

午後出かけるときは、装備にヘッドランプを必ず加えておこう。そう学習して、暗い下り坂をゆっくり厳原の町へと下った。

夕食は繁華街にあった居酒屋で刺身や焼き魚を食べ、ビールを飲んだ。そして宿への帰り道、韓国人の団体旅行者と遭遇した。対馬から釜山に渡る日本人は少ないが、釜山から対馬に来る韓国人は増加の傾向にあり、昨年は4万人を超えたという。

にぎやかなハングルの言葉を聞いていると、すでに異国へ来たような気分になった。

☆

2日目の朝も天候に恵まれた。

自転車に荷物を積んで、北に向かって快調に走り出す。

これまで島の旅は小型バックパックを背負って自転車を走らせていた。バックパックを背負って走る気軽さが島に合っていると思い、バックパッキングスタイルで自転車を走らせてきたが、1日に100km近い

リアス式海岸の対馬は
深い入り江が
あちこちで見られる

距離を走る今回はキャリアにバックパックを縛りつけてフリーの身になって自転車に乗ることにした。荷物を背負って漕ぐ場合と、キャリアに装着して背負わない場合では、疲れの度合いが段違いなのだ。

厳原の市街地を出るまでは、交通量も多かったが、海が見えるあたりまで走ると車が減って、ツーリング気分になった。

対馬は佐渡島、奄美大島に次いで3番目に大きな島だ。複雑に入り組んだリアス式海岸の地形をしており、海岸の総延長は915㎞に達する。

それほどまでに大きいから、逆に島を走っている実感は乏しい。樹木の植生や連なる山々の風景は、四国の山中を想わせる。自転車を漕ぐのがつらいといえばつらいけど、でも走り甲斐を感じる。

それに適度な間隔で町があるのも、ツーリング向きだった。町を過ぎると峠道があり、峠道を下ると次の町に出る。そんなパターンの繰り返しで、ツーリングのリズムにメリハリがあっていいのだ。

走ることに全力を傾ける島の旅も悪くない。両脚の筋肉に血液が巡っている感覚を味わって、僕は自転車を進めた。自力で前進することに充実感を求めるツーリストには、対馬の南北縦断は手頃なコースかもしれない。

こうして張り切って走ったおかげで、厳原から90㎞離れた比田勝の町には午後3時前に到着できた。

韓国行きのフェリーは明日の出航だが、とりあえず港に行ってみた。

小さな建物があり、フェリー待合室の階段には「国際線乗船続きは2階です」と貼り紙がしてあった。

この建物の一角に出入国管理事務所があり、明日は『HITAKATSU』と書かれたスタン

対馬には年間4万人の韓国人が訪れるという。スーパーの売り場にはハングル文字が書かれていた。

プを押してもらえることだろう。

比田勝の市街地をひととおり走ったあと、今夜の宿を探した。

いつもなら素泊まりの宿に泊まって食堂などで外食するパターンだが、しっかり走った今日は、過剰なくらいのおかずが並ぶ宿に泊まって、たらふく腹にかき込みたい気分だ。

地図を見ると、比田勝の市街地から２kmほど離れた場所に国民宿舎があったので、そこに予約を入れた。国民的宿舎は高台にあって、比田勝の港や対馬海峡の海の眺めが抜群によかった。

夕飯は思ったとおりのボリュームだった。刺身や天ぷら、固形燃料で煮込む鍋もセットされている。

僕はそのおかずをすべて食べ、ビールを飲み、ごはんもおかわりした。自分の体重が一気に増した気分だ。

その夜、僕は日記にこう記した。

「たくさん走った一日、たらふく食べた一日、満ち足りた一日」と。

旅のおこづかいメモ

10月1日

長坂高根→名古屋（高速バス） ………… ¥4,300
名古屋→博多（高速バス） ………… ¥10,500
夕食代（オムライスセット） ………… ¥2,130

10月2日

朝食代（コンビニにてパン） ………… ¥393
博多→対馬（フェリー） ………… ¥5,950
昼食代（船内でカップヌードル＆パン） ………… ¥350
夕食代（居酒屋にて） ………… ¥2,940

10月3日

宿泊代（素泊まり） ………… ¥3,500
食料買い出し（朝食） ………… ¥642
昼食代（カレーライス） ………… ¥600

合計 ………… ¥31,305

island trip
11
— 釜山 —

喧噪に身を委ね 異国を味わう釜山の旅

ACCESS

韓国籍の高速船が厳原～釜山を1日約1便（所要時間約2時間30分）運賃は8,500円。比田勝～釜山を1日約1便（所要時間は約1時間30分）運賃は6,900円。ともに円とウォンの相場によって運賃は変動する。日本から釜山に渡る海路は、下関からフェリーが、福岡や小倉から高速船が就航。釜山から大阪行きのフェリーは週に3便（所要時間18時間）運賃はスタンダードルームで14,000円。

雑多な看板に
アジアを感じさせる
釜山の裏通り
通りに漂ういい匂い
が食欲をそそる
46-9612
モツ焼き

対馬北端の国民宿舎に泊まった翌朝、窓に射し込む陽光で目が覚めた。

窓から眺める対馬海峡の青い海原は穏やかで、波も立っていない。

これなら大丈夫。釜山行きの高速船は運航すると確信した。出発前に問い合わせたら、対馬海峡は荒れやすく欠航するケースも多いと聞かされ、一抹の不安を感じていたのだ。

釜山行きの高速船が出航するのは、午後3時半だ。出国手続きがあるため、比田勝港には遅くとも出航の1時間前に来るようにいわれているが、それでも時間はたっぷりある。

昨日は対馬を横断したから、今日は出航までの間、島の北部をのんびり走ろうと思い、国民宿舎のフロントに不要の荷物を預けた。

そして玄関脇に止めておいた自転車に乗ろうとしたら、フロントから40歳くらいの男性がニコニコの笑顔で近寄ってきた。

「あのう…、本を書いている作家の方ではございませんか?」

丁寧な口調で訊かれることにむず痒さを感じたが、間違いではない。

「ええ、まあ……」

うなずくと、男性はますます笑顔になった。

「やっぱり。うちに泊まっていただき、本当にありがとうございます」

そんな立派な作家ではないのに、とますますむず痒くなった。彼は犬と旅した話を書いた拙著『犬連れバックパッカー』を持っているという。

「犬は連れてきてないのですか?」

そう訊かれたので、今は自転車で旅をしていて、対馬を縦断したあと、これから釜山に渡ると説明した。

そのあと彼に見送られて自転車に乗り、対馬北部の海岸を走って韓国展望台に向かった。

名前のとおり、晴れた日には韓国が望める見晴らしのいい展望所だ。しかし韓国の山並みが望

めるのは見事に澄み切った晴天の日に限られているようで、この日は晴れてはいるものの、水平線の彼方は霞んでいて、韓国の影は望めなかった。

「待ってろよ、夕方には行くから」

見えない韓国に向かって、そう語りかけて韓国展望台を後にした。

それからは小さな漁港に立ち寄って、地元のスーパーで刺身の盛り合わせを買って食べたり、読書をしたり、アイポッドで音楽を聴いたりして、のんびりと寛いだ。八ヶ岳の麓に暮らしているものだから、海を眺めて潮風にあたっているだけでも新鮮で、気持ちいいのである。これも島を旅する魅力といっていいだろう。

こうして海辺の優雅な時間を過ごしてから、出航の1時間半前に荷物を引き取りに国民宿舎へ戻った。

フロントにいた若い男性は、僕の荷物を取りに奥の部屋に消えたが、すぐには戻って来なかった。やがて戻ってきた彼は、僕のバックパックとともにスーパーのレジ袋を手にしていた。

「うちの支配人にこれを渡すようにいわれてます」

そうか、あの男性は支配人だったのか。

レジ袋を受け取ると、中には500㎖の缶ビールが2本と、イカやサラミなどのつまみが3袋、ペットボトルのお茶が1本入っていた。

積載量が限られる自転車ツーリングでは、持ちたくない荷物である。しかし支配人の気持ちがうれしくて、ありがたく受け取って比田勝港へ向かった。

☆

2階の事務所でチケットを購入したあと、待合所で自転車をバラして輪行袋に入れて渡航の準

対馬と釜山を結ぶ高速船のシーフラワー。安定した双胴船の揺れが心地よく、航海中は熟睡してしまった。

備を進めた。

最初は数人程度だった待合所だが、大型バスが乗り入れ、韓国人の団体旅行客がどっと押し寄せた。日本人旅行者の姿は見あたらない。

声の大きさと騒々しい雰囲気に圧倒され、ひとり旅の僕は居心地の悪さを感じて、待合所の外で就航手続きを待った。

やがて出国手続きが始まった。

隣の建物に進み、パスポートに出国スタンプを押された。見るとそのスタンプには『HITAKATSU』と書かれてある。

やった。これで旅人にちょっと自慢できるぞ、と僕はほくそ笑んだ。

釜山行きの高速船は全席指定になっていた。船内に響くのは、韓国人の会話だけである。その迫力にまたしても圧倒されて、すでにアウエーの状態だ。韓国籍の船だからすべてのシートの背もたれには韓国の国旗がはためく竹島の写真が貼ってあり、ハングル文字が並んでいた。ハングル文字は理解できないけど、これを見ればいいたいことは伝わる。きっと「竹島は韓国の領土だ！」と書いてあるのだろう。

指定された番号のシートに座り、読書でもしようと文庫本を開いたら、隣の席に座った年配の男性が文庫本を見て「日本人ですか？」と声をかけてきた。

うなずくと彼はホッとした顔になった。韓国人と日本人で指定席を区分しているようだが、乗船している日本人は僕らしか見あたらない。

彼は成田〜ソウル往復の格安航空券で韓国に渡り、釜山まで足を延ばして、さらに対馬にも渡ったという。成田〜ソウルの格安航空券は2万円台もあるから、東京から対馬へ行く方法として、福岡や長崎を経由するより安上がりとのことで、なるほど、その手もあったか、と僕は感心した。

高速船はほぼ予定どおり、午後5時過ぎに釜山へ到着。

釜山映画祭が開催されていた。日本からも若手女優が来るはずだったけど、「別に……」と発言して来なくなった。

隣席の彼と別れて入国審査を行ない、釜山の国際旅客ターミナルにある銀行で両替をした。以前は10ウォンがほぼ1円で計算しやすかったが、韓国ウォンが強くなったのか、日本円が弱くなったのか、10ウォンが1・3円程度になっていた（ところか、1年後には形勢逆転して10ウォンが約0・7円という半額近い円高になり、僕は韓国へアウトドア用品の買い物旅行に出かけることになる）。

とりあえず1万円を両替して観光案内所に足を運んだ。

「宿を探してます。安い宿を紹介してください」

案内所にいた女性にわかりやすい日本語を心掛けて声をかけた。

想像したとおり、彼女は日本語に堪能で、日本語で書かれた宿のチラシを出して「ここが安い宿です」と紹介してくれた。

チラシに書かれていたのは、一泊25000ウォンの太陽荘だ。歩いて10分程度だというから自転車ならすぐに着くだろう。そう思って組み立てた自転車で走り出したが、予想外に苦労した。車道も歩道も、自転車で走るには不向きなのだ。

日本と違って車が右側通行なのはいいとして、車道は車がクラクションを鳴らしながら勢いよく走っているし、歩道は段差だらけで、交差点も通過しにくい。

そういえば何年か前に自転車で韓国を旅したときも最初は戸惑ったっけ、と思い出しながら、どうにか宿にたどり着いた。

太陽荘は妖しいホテルが並ぶ一角にあった。2階のフロントにあがり、案内所でもらったチラシを見せると、年配の男性は笑顔で迎えてくれた。

晴れた日には韓国が望める　対馬の韓国展望台
韓国に最も近い日本である

チャガルチ市場の喧噪こそが、釜山だと思う。４度目になると思うけど、ここに来ると毎回心が弾む。

フェリーが橋をくぐるたびに歓声があがったが、考えてみれば僕も明石海峡大橋を下から眺めたことがなかった。

「自転車で旅しているんだけど、部屋に運んでいいですか?」と、英語と身振りで訊くと、「どうぞ、どうぞ」という感じで承諾してくれた。

自転車をかついで階段を昇り、部屋に入ってすぐに、ここはその手の妖しい宿だったんだな、と気づいた。

ダブルベッドのある部屋とバスルームは透明なガラスで隔てられている。テレビにはピンクのハートマークで表示されたSKBというチャンネルのステッカーが貼ってある。

「まあ、いいさ。寝られれば」

日本語にあてはめれば、SKB=スケベになるのかもしれない。SKBチャンネルを少し鑑賞して、ぬるくなった昼間の缶ビールを飲んで眠りについた。

☆

翌日は釜山の街を自転車でゆっくり走った。片側3車線以上の大きな道路は走りにくいけど、車よりも通行人が多いショッピング街は自転車でゆっくり走るにはちょうどいい。

たまたま釜山映画祭が開催されており、ブランド系ファッションのショップが立ち並ぶ目抜き通りは、日本の都会と変わらないにぎわいを見せていた。あちこちで写真を撮っている人々の姿も目立つ。

どこかに自転車を停めて歩こうかと思ったが、自転車がほとんどいなくて駐輪場もわからないから、自転車を押して散策した。

昼食は魚介類の宝庫であるチャガルチ市場で刺身を食べ、スタバでコーヒーを飲んで、大阪行きのフェリーが出航する国際旅客ターミナルに戻った。

対馬～大阪航路のフェリーは、船が好きな旅行者たちの間で評判のフェリーだ。この航路だけ

釜山～大阪のフェリーは、夜ステージショーが開催される。韓国人のためのショーで、言葉がわからない僕には内容が理解できなかった。

が日本を代表する関門海峡大橋、来島海峡大橋、瀬戸大橋、明石海峡大橋の４つの橋をくぐるからである。

対馬航路と違って、大都会の大阪へ向かうフェリーだから日本人利用客も半分近くはいるだろうと、思っていたが、このフェリーは韓国船籍ということもあって韓国人が８割以上を占めていた。ほとんどが団体旅行客である。

航海中はさぞかしうるさいだろう、と覚悟したが、時間が経つにつれて彼らが放つ喧噪にも慣れてきた。

出航後、橋が近づくたびに彼らはデッキに出て歓声をあげ、橋をバックに写真を撮る。そのにぎやかさが旅を盛り上げる演出に感じられてきて、これはこれでいい船旅じゃないかな、と思えた。

そして最後まで韓国人のパワーに圧倒されたことで、韓国に最も近い島である対馬の旅にふさわしいエンディングを飾れた……かな。

旅のおこづかいメモ

10月4日

宿泊代（1泊2食）	¥7,430
食料買い出し（昼食）	¥1,761
昼食代（カレーライス）	¥600
対馬→釜山（フェリー）	¥6,900
夕食代（プルコギ&ビール）	17,000W／¥2,210
宿泊代（素泊まり）	25,000W／¥3,250

10月5日

朝食代（食料買い出し）	7,000W／¥910
昼食代（刺身定食）	15,000W／¥1,950
博多→対馬（フェリー）	125,000W／¥16,250
夕食代（ビビンバ定食）	10,000W／¥1,300

10月6日

朝食代（船内コンビニ）	7,300W／¥949
新大阪→長坂（新幹線&JR）	¥11,250
昼食代（駅弁）	¥840
合計（1W＝¥1.3）	**¥55,600**
6日間合計	**¥86,905**

6日間の走行距離 …… **167.4km**

island trip 12

— 大津島 —

大津島に遺された
若者たちの記憶を訪ねて

ACCESS

徳山港からフェリーと高速船が1日約10便運航。所要時間はフェリーが約40分、高速船が約20分。運賃は500円。

人間魚雷
回天の島

悲惨な歴史と
のどかな瀬戸内海の風景は
平和のありがたさ 尊さを
再確認できる

横山秀夫の『出口のない海』を読んだ。

第二次世界大戦の終盤に日本が秘密兵器として開発した人間魚雷〝回天〟に搭乗した若者の青春を描いた小説である。

市川海老蔵の主演で映画化もされたが、壮絶な死を覚悟して回天に乗り込む緊迫感と心理描写は、想像力をかきたてる活字にはかなわない。友情や恋愛、人生観など、読み応えのある小説として堪能できたが、ストーリーよりも人間魚雷という恐ろしい武器が実在し、命をかけて乗り込んで玉砕した若者たちがいた、という事実に身震いした。

小説の舞台となった瀬戸内海の大津島には回天の発射訓練基地跡が今でも残っており、回天に搭乗した若者たちを偲ぶ記念館もあるという。それを知ったら、行かずにいられなくなった。

フィクションの世界として済ませるのではなく、史実として日本人は回天を受け止めなくてはならない。そのためにも『出口のない海』を読んで感動を覚えた人間は、大津島へ行くべきだと思った。理屈抜きにいえば、小説に感化された、ということなんだけど。

☆

新幹線を乗り継いで徳山駅の南口を出ると、大津島行きの船が発着する港がすぐそばに見えた。

これまでたくさんの島を旅してきたが、駅から港までの距離がこれほど短いケースは珍しい。駅から港まで自転車を組み立てるか迷う必要もなく、輪行袋の自転車を肩にかけて港へと歩いた。

島が映画のロケ地だったこともあって、大津島行きの乗り場近くには回天の実物大の模型が置かれていた。

想像していたよりも大きくて、迫力があった。全長は15m近いから、大型トレーラーよりも長い。窓がない巨大な黒い塊は化け物のような不気味さがある。搭乗を志願した若者たちは、こん

徳山と大津島の航路は1日10便往復している。回天の施設がある馬島と徳山の運賃は大人片道500円。

なにも恐ろしいモノに乗り込んでいったのか、と島に着く前から圧倒されてしまった。

大津島行きの船に乗り込んだ客は、工事関係者らしき男性が数名と釣り客が数名、あとは地元のおばさんたちである。旅人は僕以外にいない。

映画が公開された直後は、多くの観光客が訪れただろうが、公開から2年以上が経った真冬に訪れる旅人なんて、酔狂なのかもしれない。

船は30分程度で島に到着。自転車を組み立てて、まずは回天記念館に向かった。

回天記念館は小高い丘の上にあり、最初はがんばってペダルを漕いだが、途中から一段と勾配がきつくなり、さらには舗装が終わったので自転車を押してゆっくりと歩くことにした。

回天記念館のアプローチでは、年配の女性が掃除をしていた。僕に気づくとにこやかにあいさつをして、館内の受付に向かった。

自転車を外に停めて館内に入る。来館者は僕以外にいない。館内に入ってすぐに太平洋戦争突入の背景がパネルで展示されていた。そして次のコーナーの壁にずらりと並んだ搭乗員たちの遺影を前にして、僕はこの場から動けなくなった。

回天という名前は、日本軍の敗退が続く状況下で「天を回らし、戦局を逆転させる」という願いを込めて名付けられた。母体となった高性能魚雷は隠密性に優れ、爆薬を大量に積載できた。その魚雷の中央部に乗員のための操舵室をつけて、特攻兵器に改造したのが回天である。

訓練基地があったこの大津島には日本全国から1375人もの若者が集まって厳しい訓練を受け、搭乗員、整備員他145名が命を落とした。その戦没者のほとんどが20歳前後の若者である。

以前の自分なら、ぼやけた白黒の写真を見たら遠い昔の別世界の話として受け流していただろう。しかし2児の父親となって人生経験を積み重ねた今は違う。息子たちの世代を見つめる目線で特攻隊員たちを眺めてしまうものだから、胸がしめつけられる。

ひとりひとりの顔を見つめて人物像を思い描くことが彼らの供養になるような気がして、僕は

頭部に多量の爆薬を積載した回天。異様なくらいの迫力があった。

写真をゆっくり眺めたが、そのうちにだんだんと目頭が熱くなった。写真に映った兵士たちの顔は、まだあどけなさが残る純粋な若者ばかりなのである。

そして搭乗員が家族に宛てた手紙を目にしたときは、もうだめだった。その手紙にはこう綴られていたのだ。

お父さん
お父さんの髭は痛かったです
お母さん
情は人の為ならず
和ちゃん
海は私です
青い静かな海は常の私
逆巻く濤は怒れる私の顔
敏子
すくすくと伸びよ
兄さんはいつでも
お前を見ているぞ——

搭乗が決まった隊員たちは一時帰郷を許されたが、回天は極秘作戦だったため、誰にも告げてはならなかった。今生の別れを自分の胸だけに収めて、彼らは家族に見送られて故郷をあとにしたのである。

真冬の平日に来てよかった、と思った。いい年をした男が涙をこぼしているみっともない姿を、

島の中心地にある「ふれあいセンター」には無料のレンタサイクルがあった。しかしあまり使われていないようで、錆びついていた。

誰にも見られなくて済むからだ。

2時間近く館内で過ごした僕は、回天の運搬に使われたトンネルを通って発射訓練基地跡に向かった。

海に突き出た桟橋は釣り場に適しているようで、船で一緒だった釣り客が竿を垂らしていた。瀬戸内海は蒼く澄んで、波も穏やかだった。

平和でのどかな風景だな、とつくづく思った。

戦争も特攻作戦も2度とあってはならない。でも、未来を信じて自らの命を犠牲にした、彼らの崇高な精神を僕らは忘れてはならない。

自分たちがしなくてはならないこと、それは美しい地球を未来へ遺すことではないだろうかと、青い空と海を眺めて思った。

☆

発射訓練基地跡と記念館を見学して、回天への区切りがついた気になった僕は、自転車で島を巡った。

南北の長さが約6キロで、バスも走っていない小さな島はのんびりと自転車で旅するのにぴったりだ。起伏はほとんどなく、海沿いの道路を快適に走行できる。

自転車の旅には最高だな、と喜んで島の北側の集落、刈尾にすんなり到着したが、急に不安になった。

食事ができる場所がないのだ。

回天記念館の近くには『なぎさ食堂』があったけど、12月から3月ま

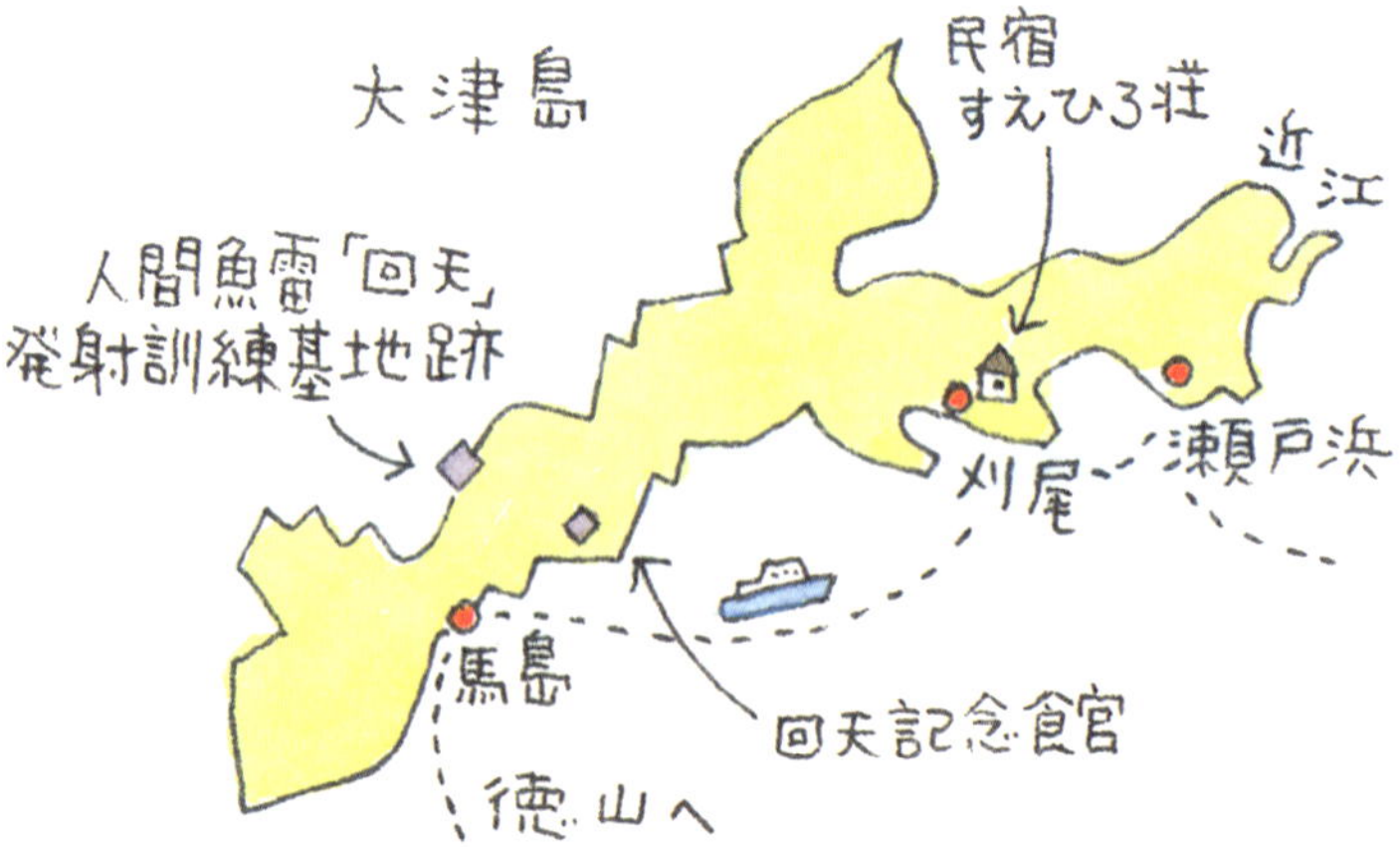

では休業とのことである。

小さな島でも食料品店の1軒くらいはあるものだけど、大津島には見事なくらいに店が一軒もなかった。

どうしようかな……。

2時間おきくらいに徳山行きの船が発着しているから、それに乗れば食料にありつける。

でも、それは島を離れて帰路につくことを意味する。島に1軒だけある民宿に宿泊の予約を入れてあるし、島を知るには1泊してみなくては意味がない、と日頃から思っている。

最終手段としては、泊まる予定の民宿に頼み込む方法もあるかもな。

そんなことを考えながら、集落の外れにあるJAの事務所に入った。

「この島のどこかで食料を売っている店はありませんか」と訊くつもりで中に入ったのだが、奥の棚にカップヌードルやビスケットなどが並んでいるのが目に入った。

やったあ！　これでなんとかなる。

僕はJAの職員に質問した。

「カップヌードルのお湯をもらうことはできますか？」

「ああ、いいですよ」

優しく受け入れられ、離島の個人的飢餓問題はすんなり解決できた。

カップヌードルを食べようと選んだ場所は、JAの向かいの海辺だ。

穏やかな海を眺めながら空腹時に食べるカップヌードルは最高においしい。これも島旅の魅力である。

回天を運搬したトンネルの
中には当時の写真が展示

1時間もあれば、自転車で島を1周できる。風光明媚な海岸がいたるところで見られる。

島の北部、近江地区には広大なガマの群生地がある。小さな島とは思えない光景だ。

しかし、祖国や家族のために身を犠牲にした若者の魂が宿る島にいながら、カップヌードルごときに幸せを感じてしまう自分が、平和な男だなとつくづく思った。

お昼を食べたあとは、島をひととおり走って、島に1軒だけの民宿に向かった。

玄関を開けて「斉藤ですが」と声をかけると、老夫婦が穏やかな笑顔で「寒かったでしょう。ようこそおいでくださいました」と頭を下げた。

じつは出発直前に、この民宿から自宅に電話が入った。用件はとくになかった。おそらくこんな時期に予約を入れてきた遠方の客が、本当に泊まりに来るのか確認しておきたかったのだろう。

海水浴客が訪れる夏場はともかく、工事関係者以外の客が泊まることはほとんどないとのことである。大津島は徳山から近いし、小さな島なので、ほとんどの観光客は日帰りしてしまうという。

自分もそのひとりになりかけたが、帰らないでよかったと思った。

優しい老夫婦のホスピタリティーに好感を持ったし、民宿のアットホームな雰囲気もよかった。さらに、新鮮な魚介類を中心とした夕食がとてもおいしかったのである。

ぐっすり眠った翌朝は、トレーニングのつもりで島を自転車で走り、回天の発射基地訓練跡に向かって合掌してから、大津島を離れた。

旅のおこづかいメモ

1月24日

長坂高根→名古屋（高速バス、往復割引購入）	¥7,740
名古屋→徳山（新幹線、往復割引購入）	¥29,860
宿泊代（広島で途中下車、ビジネスホテル）	¥4,300
夕食代（駅弁）	¥1,160

1月25日

朝食代（コンビニにてパン）	¥393
徳山→大津島（自転車航送代含む）	¥960
回天記念館入館料	¥300
昼食代（カップヌードル＆パン）	¥245

1月26日

宿泊代（1泊2食）	¥6,000
大津島→徳山（自転車航送代含む）	¥960
昼食代（カレーライス）	¥600

合計 …… **¥52,518**

3日間の走行距離 …… **28.5km**

island trip 13

— 硫黄島 —

硫黄岳
硫黄島港

硫黄島に響くジャンベがココロをつなぐ

ACCESS

鹿児島本港南埠頭より村営定期船『みしま』が1日おきに就航。竹島、硫黄島、黒島の順に停泊していく。硫黄島までの所要時間は約3時間30分。2等運賃3,500円。

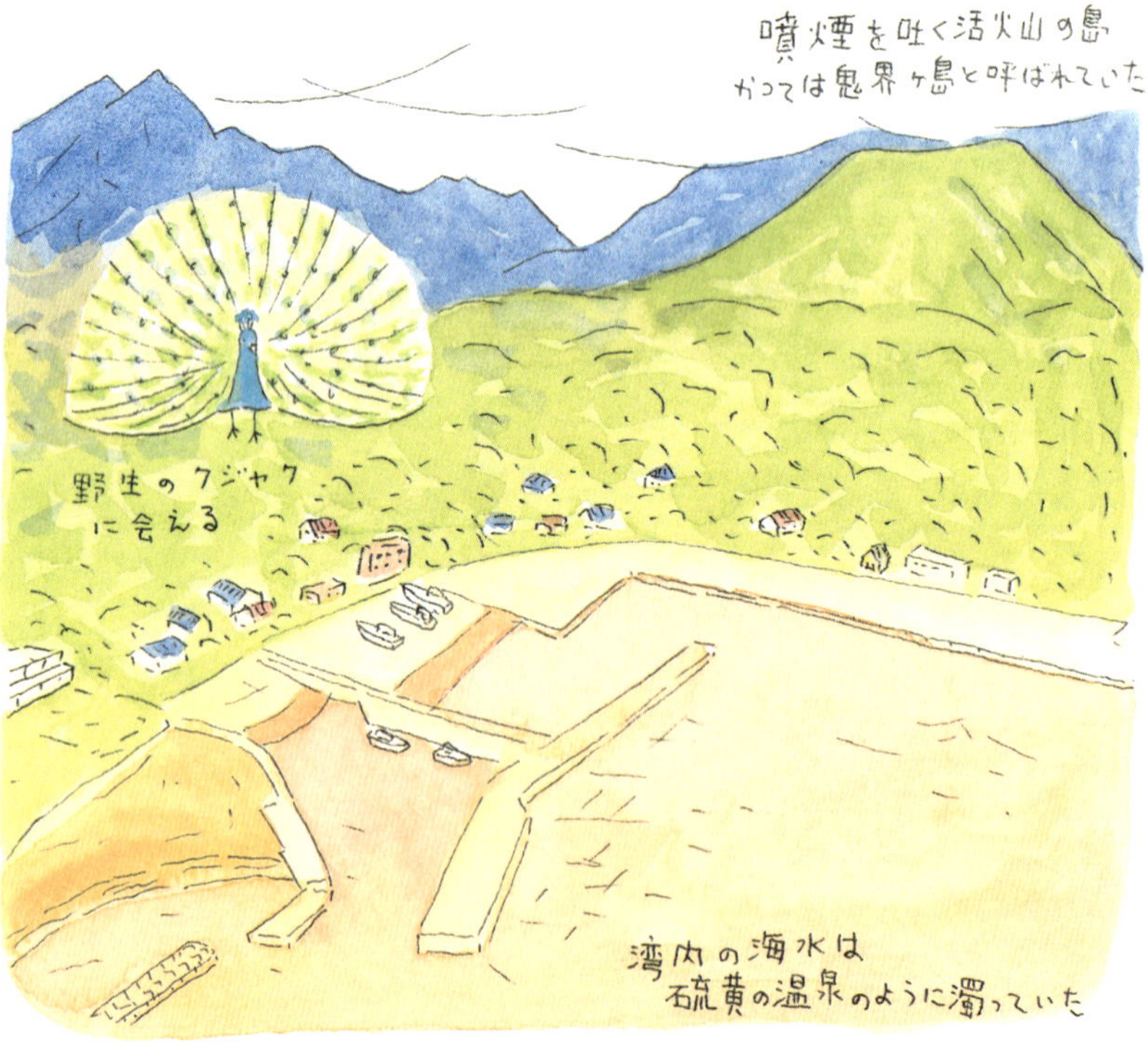
噴煙を吐く活火山の島
かつては鬼界ヶ島と呼ばれていた
野生のクジャク
に会える
湾内の海水は
硫黄の温泉のように濁っていた

初めて彼女と会ったのは、鹿児島を出航した村営定期船『みしま』が硫黄島《いおうじま》に着いたときだった。アウトドアブランドのジャケットにジーンズというラフなスタイル。髪を後ろに束ねたナチュラルメイクの女性だった。雰囲気や顔立ちからして島の人間とは思えない。ただの旅行者とも違う。どことなく自分と似たニオイを感じる、とそのときは思った。

そして船から下りて、偶然にも同じ民宿に泊まることがわかったとき、僕は彼女に声をかけた。

「旅行？ ですか」

「いえ。仕事です。テレビ番組の取材なんです」

やっぱりね。その方面の人じゃないかな、という気がしたんだ。

彼女、石井栄子さんは、日本テレビの『音のソノリティー』という番組を製作しているディレクターだった。その土地でしか聞けない音をテーマに日本各地の自然や風土を紹介した癒し系のミニ番組で、土曜日の夜9時54分から10時までの5分間、放映されている。

「硫黄島には何の音を録りに来たんですか？」

「クジャクです」

「あ、なるほどね！」

そうなのだ。この島には野生のクジャクが200羽ほど生息している。かつて島にリゾートを建設する計画があり、そのとき連れてきたクジャクが野生化して繁殖したとのことだ。

「あっ！ 今鳴いてるの、わかります？ この声です」

確かにミャーとか、アーというような熱帯のジャングルを連想させる甲高い声が響き渡っている。周囲にはガジュマルやソテツが茂っていることもあって、そのエキゾチックなサウンドに耳を傾けていると、遠い異国の島へ来たような感覚に浸れる。

「番組をはじめてから、音に対して敏感になりました。『この音、なんだろう？』って、どこへ行っても音が気になるんですよ」

竹島、硫黄島、黒島からなる三島村と鹿児島港を結ぶ村営定期船『みしま』は上り便と下り便を1日ごとに運航している。旅人が島を訪れる場合、2泊は不可能で、1泊して翌日帰るか、3泊を選択することになる。

その習性、よくわかる。僕はかつてアジアの排泄文化をルポする連載をしていたことがあり、そのときは、どこへ行ってもトイレに目がいっていた。それは一種の職業病といえるし、その仕事に打ち込んでいる証しでもある。きっと石井さんも仕事にやりがいと誇りを感じているんだろうな、と思った。

「あなたはどんな目的で?」

「温泉です。自転車で温泉を巡ろうと思って」

活火山の硫黄岳が今もなお噴煙をあげているこの島には、各所に無料の温泉がある。それらを自転車でのんびり巡ろうとやってきたのだが、最初の思いつきは、多くの人が硫黄島と聞いて連想するように、クリントイーストウッドの映画である。

あの映画の舞台となった太平洋の硫黄島は一般旅行者の上陸が許可されてないけれど、鹿児島県三島村の硫黄島は誰でも旅ができる。だからこの島を旅して家族に手紙を書いて、『硫黄島からの手紙』にしようと洒落で思いついたのがそもそものきっかけだ。

ところが、島の情報を調べたら豪快な温泉はあるし、クジャクは生息しているし、さらにジャンベの神様といわれるギニアのママディ・ケイタ氏と交流があって、アジアで唯一のインターナショナル・ジャンベスクールを開校するなど、旅人の好奇心をそそる要素に満ちており、行かずにいられなくなったのである。

ちなみに、こちらの島こそが『いおうじま』であり、世界的に有名なあちらの島は『いおうとう』と読むのが正しい。

☆

石井さんは役場の職員に車で案内してもらうアポをとってあるそうで、自転車を組み立てた僕

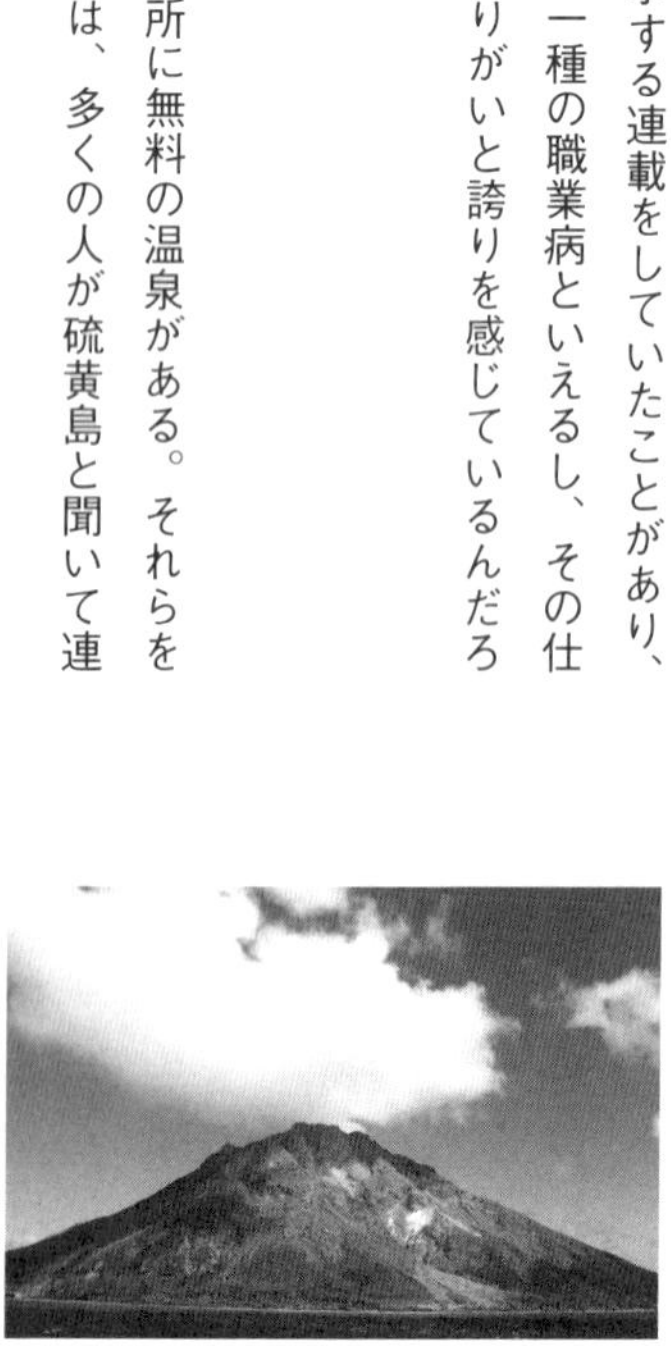

噴煙を吐く活火山がそびえる硫黄島。かつて鬼界ヶ島と呼ばれていたそうだが、それも納得の姿。

は、ひと足先に島の名所巡りに出かけた。

人口120人、周囲19㎞の小さな硫黄島は港周辺にしか集落はない。港の集落を一歩離れると勾配のきつい道路が待っている。

まずは硫黄島全体を展望できる恋人岬をめざしてペダルを漕いだ。

旅人がこの島を訪れる場合、1泊か3泊というように、奇数泊の滞在しか選択できない。というのは、竹島、硫黄島、黒島からなる三島村と鹿児島港を結ぶ村営定期船『みしま』は、1日1往復ではなく、上り便と下り便を1日ごとに運航している。つまり、島に到着した翌日は島を出発するスケジュールになっており、着いた日に1泊して翌日の船で鹿児島へ戻るか、3日後の船で戻るしかないのだ。

本当は2泊が理想だけど、1泊か3泊のどちらをとるか悩んだ僕は、島の規模を考えて1泊コースを選択した。その結果、僕が島に滞在できる時間はすでに24時間を切っており、時間的プレッシャーのためか、いつもなら自転車を降りて歩く坂道も息を切らせてペダルを漕ぎ続けた。

しばらくすると、背後から石井さんを乗せた役場の職員の車が近づいて、僕を追い越していった。そしてなおも自転車を漕いでいると、恋人岬から折り返してきた石井さんの車とすれ違った。

彼女は笑顔で手を振ってくれたが、それからというもの、何度も追い越されたり、すれ違ったりの展開を繰り返し、僕らはそのたびに苦笑して手を振り合った。小さな島だから道路は一本しかないし、同じ順序で名所を回っているものだから必然的に何度も顔を合わせることになるのだ。

僕は一番最後に島のハイライトである東温泉に向かったが、石井さんが先回りしてくれてよかったと思った。素っ裸で入浴している姿を見られなくて済むからだ。

東温泉は、波打ち際にある極上のロケーションの露天風呂だ。岩場に丸く穴が空いた湯船は3つあり、上の湯船から下の湯船へ温泉が流れ込む仕組みになっている。つまり上が熱めで、下がぬるめの設定になっており、気温や好みに応じて湯船を選択できる合理的な温泉だ。

写真右）島の北海岸には、満潮になると入れなくなるプールのような坂本温泉もある。
写真左）民宿ガジュマルのおばさんから毎日エサをいただくクジャクのコッコちゃん。この島でしか見られない光景だろう。

僕は素っ裸になって手足を大の字に伸ばし、海に抱かれるような開放感抜群の入浴タイムを楽しんだ。

　こんな温泉が本土にあったら、混雑するに違いない。たったひとりで独占できる喜びに浸り、出たり入ったりを繰り返したが、温泉には最後まで誰もやって来なかった。

☆

　民宿ガジュマルに戻ると、宿のおばさんが「クジャクのコッコちゃんにエサをあげるけど、あんたも見る？」と親しげに声をかけてくれた。

　おばさんになついている野生のクジャクが何匹かいて、毎日手渡しでエサをあげているのだという。

　カメラを用意して外に出ると、石井さんもテレビカメラをセットしてクジャクの姿を狙っていた。

「コッコちゃんは人見知りする子だから、カメラに慣れてないのよ。レンズみたいに光るのが苦手なのよ」

　おばさんはそういったが、「ほら、コッコちゃん、おいで」と声をかけているうちにコッコちゃんはそろりそろりと近づき、ついにはエサを持ったおばさんの手に口を延ばした。

　その光景もユニークだけど、大きな羽を持った優雅な姿のクジャクがアスファルトの道路を悠然と歩いている姿もシュールでかなりおかしい。

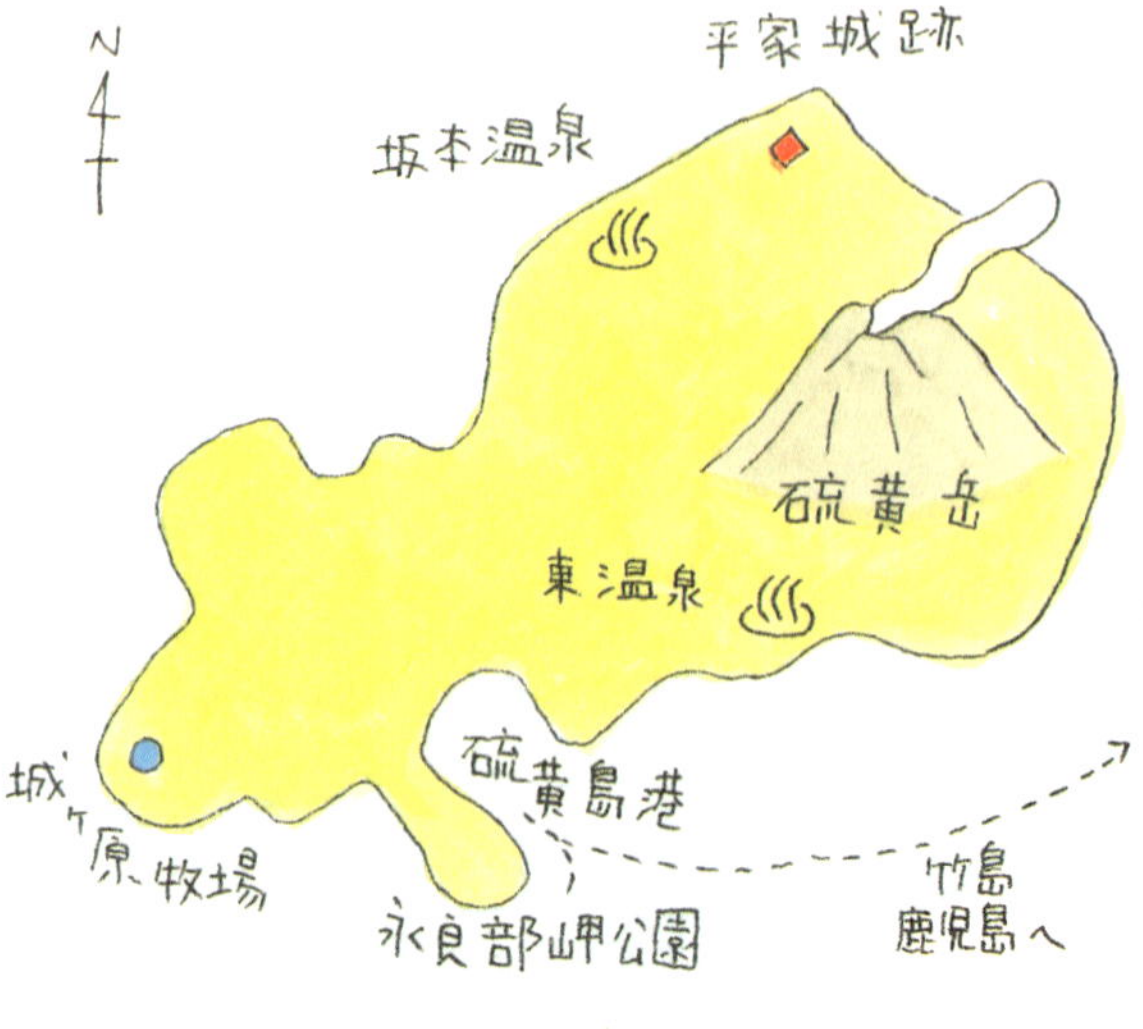

「近所の○○さんはね。クジャクが近づいたときに『これは売れるわよ』と、クジャクの羽を抜いたのよ。それからは○○さんを見るとクジャクは逃げていくんだけど、私を見るとクジャクは近寄ってくるの。人間がわかるのねえ、コッコちゃん」

おばさんは宿泊客にこうして毎日サービスしているのだろう。名前で選んだ民宿だけど、ここを選んでよかったとあらためて思った。

夕食は石井さんと向き合って生ビールで乾杯した。

石井さんはこの島に3泊するそうで、明日までにロケハンと単独取材を済ませ、2日後の船でやってくる撮影スタッフと合流する予定だという。これまでの撮影の裏話を気さくに話してくれる彼女に好感を持ったし、僕と同じく組織に属さないフリーランスだと知って、ますます親しみが湧いた。

「8時からジャンベの演奏が聞けるらしいんですけど、行きますか？」

「もちろん！」

今日は鹿児島県の交通政策課の課長一行が島の視察に来ており、島をあげて接待する宴が開発総合センターという施設で行なわれている。その席で島に移り住んだ若者たちによるジャンベの演奏が披露されると、石井さんは役場の職員から教えてもらったそうだ。

夜道を歩いて民宿から200mほど離れた開発総合センターの建物に入ると、館内からにぎやかな声が聞こえて来た。

村長以下、島のVIPが総出で県の職員たちを接待しており、よそ者の僕らも「どうぞ、どうぞ」と歓迎され、宴席に加えてもらった。僕ら

東温泉露天風呂
波打ちぎわにある
ロケーション抜群の温泉
湯温が異なる
3つの湯船がある

が島を宣伝する立場にいるから、という理由もあるだろうけど、村長たちはみな気さくな人たちばかりで、新鮮な刺身や島内限定販売の焼酎、その名も『みしま村』をいただいた。

やがてアフリカ風ファッションに身を包んだ若者3人が打楽器のジャンベを持って現われ、熱い演奏が始まった。

正直いってそれほど期待はしていなかったが、たちまち惹き込まれた。距離が近いこともあるけれど、演奏のレベルはかなり高いし、ジャンベに魅せられて青春を懸けているであろう彼らの情熱がひしひしと伝わる。

この硫黄島とジャンベの関係は、世界的に名が知られるママディ氏が、コンサートで初来日するときに「自分は小さな村の生まれだから、小さい村で子供たちと一緒にライブをしたい」と提案し、硫黄島に白羽の矢が立ったことがきっかけだ。音楽は国境を越える、の言葉どおり、ママディ氏と子供たちのライブは大成功を収め、その後も島ではジャンベのインターナショナルスクールが開校し、巣立った生徒たちの一部は島で暮らして、このように演奏を続けているという。

この話だけでもドラマチックだし、なんて中身が濃い島なんだ、とまたしても感服した。

その後、僕と石井さんは村長に誘われて二次会（ジャンベスクールの厨房）、三次会（郵便局長の自宅）と気持ちのいい酒をごちそうになり、日付がとっくに変わった時刻に暗い夜道を歩いて宿に戻った。

☆

翌日、午前10時発の船が到着するまで自転車で集落を散策した。

郵便局に行くと、昨夜ジャンベを演奏した若者が窓口で働いていた。彼ははにかんだ笑顔を浮かべたが、制服姿が初々しくて好感が持てた。

畳の部屋で奏でるジャンベは、演奏者とリスナーの距離が近くてすばらしかった。音楽とは、音を楽しむことなんだと実感した。

僕は葉書を買い、家族宛てに『父は元気で旅をしているぞ』と一言書いて、硫黄島のポストに投函した。葉書ではあるけれど『硫黄島からの手紙』を送るという約束は、これで果たしたことになる。

荷物をまとめて港に行くと、昨晩の宴会で一緒だった島のＶＩＰがほとんどそろっていた。

ジャンベの若者たちはジャンベを用意して演奏の準備をしているし、その横には陽気な村長さんも笑顔でいた。さらに石井さんもこの光景を収めようとカメラをセットしていた。

やがて船が到着し、タラップを歩いて乗り込むと、ジャンベの演奏が始まった。

毎回、このように送別をしているわけではないし、僕に対して特別な見送りをしているわけでもない。同じ船に乗り合わせることになった県の交通政策課の課長一行に対して特別な見送りを行なっているのだ。

でも硫黄島の人々が僕を盛大に見送っている気分に浸れて不覚にも目頭が熱くなった。

「さようなら、また来ます」

船上から僕は大きな声で叫んだ。

旅のおこづかいメモ

4月16日

長坂高根〜新宿（高速バス、往復割引購入）	¥4,100
浜松町→羽田空港（モノレール）	¥470
羽田→鹿児島（飛行機、特割）	¥27,100
鹿児島空港→鹿児島中央駅（バス）	¥1,200
宿泊代（ビジネスホテル）	¥4,300
夕食代（ラーメンセット）	¥850

4月17日

朝食代（コンビニにてパン）	¥275
鹿児島→硫黄島（自転車航送代含む）	¥4,064
昼食代（船内でカップヌードル）	¥180

4月18日

宿泊代（生ビール代含む）	¥7,000
硫黄島→鹿児島（自転車航送代含む）	¥4,064
昼食代（カレーライス）	¥700
鹿児島天文館→鹿児島空港（バス）	¥1,200
鹿児島→羽田（飛行機、特割）	¥27,100
羽田空港→浜松町（モノレール）	¥470

合計 …… **¥83,037**

3日間の走行距離 …… **32.6km**

island trip
14
— 五島列島 —

五島列島の教会で
キリシタン史と信心を考える

ACCESS

長崎港より奈良尾港行きのジェットフォイルとフェリーが1日数便運航、鯛ノ浦港行きの高速船が1日数便運航。佐世保港より有川港行き高速船とフェリーが1日数便運航。博多港より青方港行きフェリーが毎日運航。

鉄川与助を訪ねて
上五島・仲通島で
教会巡りツーリング
大曽教会
仲通島には
26の教会がある
頭ヶ島教会
青砂ヶ浦教会

鉄川与助《てつかわよすけ》――。

名前からして気骨な雰囲気が漂う明治の男の話を耳にしたのは、佐世保のショットバーで旧知のKさんたちと飲んでいるときだった。それまでは親父ギャグ連発の会話が続いていたのに、鉄川与助の名前が出た途端、Kさんの目が輝いた。

「全国的には知られていないと思うけど、長崎ではとても有名な方なんですよ。教会建築の第一人者で、五島列島の教会はほとんど彼が手がけてます。長崎の浦上天主堂や平戸の田平教会も鉄川与助です」

Kさんは地域づくりの人材育成に関わっており、五島列島へは足繁く通っている。また『九州のムラへ行こう』という雑誌にも寄稿しており、最新号で五島列島を取材してまわり、教会巡りと鉄川与助の功績について書いたばかりだという。

「五島列島も含めて長崎の教会群をユネスコ世界文化遺産に登録しようという動きがあるんですよ。すでに暫定リストには書き加えられてます。激しい弾圧に遭いながらも信仰を守り通した隠れキリシタンの歴史と、独特の教会建築の美しさが世界的に評価されたんです」

世界遺産と聞いて、食指が動いた。

誤解してもらいたくないが、世界遺産になるから行ってみたくなったのではない。世界遺産にでもなってしまったら、ブランド化して観光客が押し寄せるだろうから、その前に旅したいと思ったのである。

五島列島には全部で49もの教会があり、どの教会も建築様式が異なっている。木造もあれば、石造り、レンガ造り、木とレンガの融合など、さまざまな建築スタイルの教会が建てられ、島の敬けんな信者たちによって守られている。

そんなバラエティーに富んだ島の教会を巡る手段として、自転車は最適ではないか。そう思って、いつものフォールディングバイクとともに長崎県は五島列島へと旅立った。

レンガ造りの重厚な教会だけでなく、公民館みたいな親しみやすい木造の教会も建っている。

五島列島はその名のとおり、福江島、久賀島、奈留島、若松島、仲通島の五つの主要な島から成る。教会はすべての島に建っているが、北部の仲通島が最も多く、26もの教会が建っている。鉄川与助の出身地も仲通島だから、仲通島にポイントを絞って、教会巡りの旅を始めることにした。

福岡発の夜行フェリーで仲通島の青方港に到着した僕は、予約しておいた民宿『かたやま』に行き、着替えや洗面道具などの不要な荷物を預けて、教会巡りの旅に出かけた。

まず向かったのは、青方湾にある大曽教会である。海沿いの道を走って、湾の向こう側の集落を眺めたら、その姿がすぐ目に入った。

気高い美しさを感じた。

丘の中腹に建つ赤茶色のレンガ造りの天主堂は、白いドーム型の鐘楼とその上にそびえる十字架が輝いてみえた。教会の周囲は瓦屋根の日本家屋ばかりだから、レンガ造りの教会は際立った存在だ。しかし、不思議なことに違和感はない。漁船が浮かぶ、のどかな島の風景に西洋建築の教会が溶け込んでいるようにも感じられる。海辺に建つ教会なんて、地中海に似ていると思った(行ったことないんだけどね……)。

やはり、この教会は鉄川与助によるものだった。観光協会で入手したパンフレットの説明文によれば、鉄川与助は明治12年に上五島の新魚目地区丸尾で生まれ、小学校卒業後は大工修行を重ねて明治39年に先祖代々の建築業を継ぐ。協会建築のきっかけは二十歳の時にペルー神父の指導のもとで建設した木造の教会だった。その教会建築に感銘を受けた鉄川与助は明治40年、27歳で初めて教会の設計施工を手がけ、以来九州各地に30余りの教会を建築した、とのことである。

五島列島の教会はほとんどが無料で見学できるし、信者でなくても常識的に行動できる人ならば日曜礼拝にも参列できるそうだが、早朝のためか、大曽教会の扉は鍵がかけられていた。

外観をじっくり見て回った僕は、次の教会へと自転車を走らせた。

仲通島は南北に細長い地形をしており、南端から北端までは約45㎞。北端の岬をめざして教会

アットホームなもてなしが魅力の民宿『かたやま』。捕れたての刺身が抜群においしかった。

を巡ったが、どの集落にも教会があるものだから、適度に休憩をとりながらツーリングが楽しめた。だいたい30分も走れば、隣の集落へ到着できるのだ。

ただし教会は集落から少し離れた高い場所に建っているケースもあり、自転車で上るにはきつかった。見晴らしのいい場所が教会の立地としてふさわしいのかと思ったが、どうやらそれだけではないようだ。

上五島のキリシタンの多くは、長崎の外海という地区から迫害を逃れて島に渡った信徒である。すんなりと島に受け入れられたわけではなく、当時は差別を受けたらしい。彼らに与えられた土地は、傾斜がきつくて厳しい環境が多かったそうだ。

参考までに、Kさんが『九州のムラへ行こう』に書いた記事によれば、五島に渡ったキリシタンは改姓させられ、そのとき『下』という文字をつけられたとのことだ。だから五島では名字をみればカトリックか、ある程度判断できる。下田さん、下川さんといった姓はカトリック、上田さんや上野さんは仏教徒、とのことで、当時の差別を垣間見られる。もちろん、現在はそういった差別や偏見はなくなっているが。

その後も教会巡りの自転車ツーリングを続け、お昼前に北端の津和崎に到着した。

小高い丘に灯台があり、海原が広がる。岬に立った僕はアイポッドを出してイヤホンをセットした。

選曲は、アンドレア・ボッチェリの『コン・テ・バルティロ』（邦題『君と旅立とう』）だ。迫害されて島に逃れたキリシタンたちの教会巡りをしたあとに、見晴らしのいい岬で、ドラマチックに盛り上がる曲を聴くとやたら感動する。

潮風にあたって映画の一場面に入り込んだ気分に酔っていた僕は、ふと思った。

地理的にいっても、この島の教会はキリスト教の聖地エルサレムに、日本で最も近い教会といえるのではないか。

写真右）お昼は細麺の五島うどんを食べた。柔らかめの麺とアゴ（飛び魚）だしの汁がよく合う。
写真左）仲通島の北端に建つ津和崎の灯台は道路がなく、最後は歩かなくてはならない。

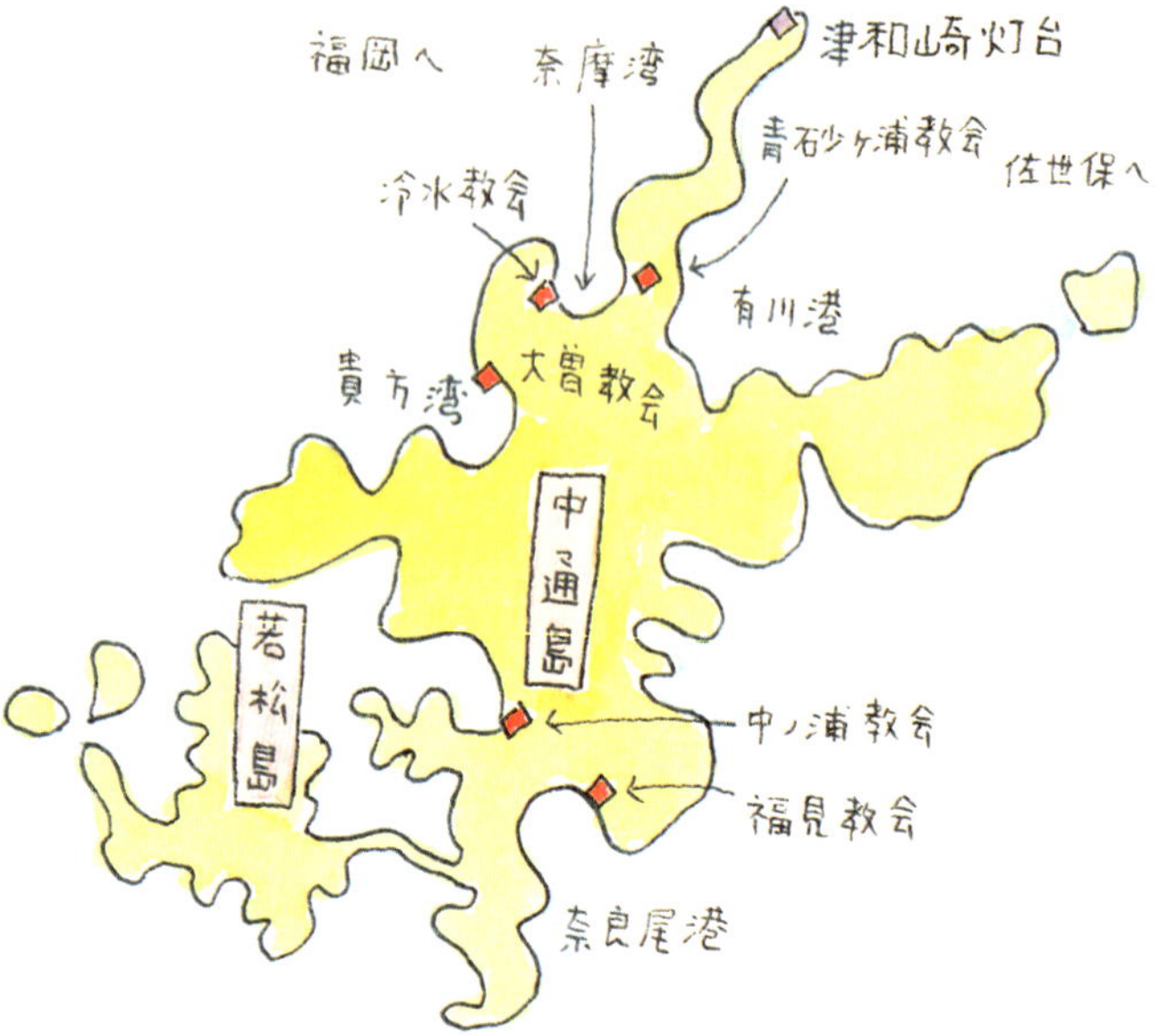
福岡へ
奈摩湾
津和崎灯台
青砂ヶ浦教会
佐世保へ
冷水教会
有川港
貴方湾
大曽教会
中通島
若松島
中ノ浦教会
福見教会
奈良尾港

樹齢650年のアコウの巨木
神社の天然鳥居として親し
まれている

そう思い込んだら、この島が日本におけるキリシタンの聖地のように感じられた。

☆

北端からの復路は往路と同じ道を走って青方湾に戻った。

そして特産品を販売している観光物産センターに入って物色していたら、若い欧米人の男が入ってきた。

旅行者ではない。サンダルを履いたラフなスタイルだ。この島に暮らしているのだろう。物産センターのおばさんとあいさつして、新鮮な刺身を買っていた。

出口で一緒になると、彼は僕のフォールディングバイク、ジャイアントのＭＲ４Ｆを見て流暢な日本語で話しかけてきた。

「ツーリングですか？」

「はい。北の岬まで走ってきました」

「僕もジャイアントのロードバイクを持ってます。ときどき走ってます」

そういって彼はおすすめのルートを説明してくれた。青方湾から山をひとつ越えた浜ノ浦湾までが、彼が気に入っているツーリングコースなのだという。

彼は昨年の8月に五島に来て、小中学校で英語を教えているそうだ。学校帰りの子供たちが、通りの向こうから「ポンタ－ッ！」（僕にはそう聞こえた）と声をかけ、彼はにこやかに手を振っていた。

お昼に名物の五島うどんを食べた後も教会巡りのツーリングを続けて、夕方に民宿『かたやま』に戻った。

案内された部屋は1階の奥の間で、そこには仏壇があった。僕は宿のおばさんに質問をした。

海沿いに建つ中ノ浦教会は、建物の裏側に聖母マリア像がある。信者でなくても祈りたくなる崇高な雰囲気があった。

「五島では仏教とキリスト教のどちらが多いんですか」

「仏教です。キリスト教は3割もいません」

隠れキリシタンの歴史があって、教会も多いものだからキリスト教の信徒のほうが多い印象を持っていたが、そうではなかった。

「じつは教会をたくさんつくった鉄川与助さんも仏教徒なんですよ」

「へえ〜、そうなんですか」

意外ではあるけれど、他の宗教の教会づくりに生涯を捧げたなんて、逆に偉大だと思う。プロの建築家としてのプライドを感じる。

「ハイカラな方で、外国には一度も行ったことがないのに、お洒落にスーツを着こなしていたそうです」

おばさんの語り口に、鉄川与助に対する尊敬の念が感じられてうれしくなった。

もし長崎の協会群が世界文化遺産になったら、鉄川与助は全国的に脚光を浴びるに違いない。

☆

翌日も、教会巡りの旅を続けた。

南部に向かって自転車を走らせたが、開いている教会がいくつかあったので、中にあがらせてもらった。

キリスト教信者ではないけれど、神聖な場に足を踏み入れると自然に真摯な気持ちになる。

教会は見学できるし、内部は撮影も可能だが、祭壇に入ってはならない。

両手を組んで祭壇に向かって祈ってみた。とくに何を祈るわけでもないけれど、心は落ち着く。脳を測定したら安静のアルファ波が多く出ているんじゃないかなと思う。

祈っている自分に満足したが、我ながらいい加減な人間だなとも思う。つい最近まで僕は、読経しながらお遍路の巡礼を行なっていた。春休みは家族全員で伊勢神宮を参拝した。先月は取材で代々木にあるイスラム教のモスクを訪れた。

あちこちの神様に半端なお祈りをするなんて、信者にとっては許しがたい行為かもしれない。でもそれを咎められないのが、クリスマスを祝って1週間後には初詣にも行く日本という国なのだろう。

だから悩みを持つ人々、とくに将来に不安を抱いている若者たちは教会や寺院に行って祈ってみるといい。

それだけで心は落ち着く。未来を信じる気になれる。自分が不幸のどん底にいると思い込んでいる若者も、明日になればきっと変わる、いつまでも今の自分のままいるはずがない、という事実を信じられるようになる。

でも、教会に行かなくても、自力で移動する自転車で旅に出たら、未来が拓ける気になれるんだけどね。

旅のおこづかいメモ

5月22日

長坂高根～新宿（高速バス、往復割引購入）	¥4,100
浜松町→羽田空港（モノレール）	¥470
羽田→福岡（飛行機、特割）	¥16,300
博多港→青方港（フェリー）	¥5,480
夕食代（餃子定食）	¥750

5月23日

朝食代（パン、缶コーヒー）	¥285
昼食代（五島うどん定食）	¥735

5月24日

宿泊代（生ビール代含む）	¥7,000
昼食代（刺身定食）	¥735
奈良尾港→長崎港（フェリー）	¥2,700
長崎港→長崎空港（バス）	¥800
長崎→羽田（飛行機、特割）	¥24,300
羽田空港→浜松町（モノレール）	¥470
夕食費（駅弁、お茶）	¥960
合計	**¥56,263**

3日間の走行距離	**142.5km**

island trip

15

— 大島 —

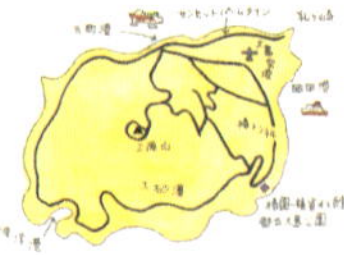

伊豆大島の夏休み

ACCESS

東京竹芝桟橋から超高速ジェット船（約1時間45分、6,940円、輪行袋の自転車1,000円、久里浜寄港便もある）が数便と、夜10時発の大型客船（約8時間、2等4,270円、自転車1,430円）が運航。熱海より高速船（約45分、4,370円）が1日数便運航。飛行機は羽田から1日1便、調布から1日3便運航。

父と子の伊豆大島一周ツーリング

北西部には絶好の
サイクリングコースがある
潮風を切って走る小学生は
満面の笑みを浮かべていた

島の南東部は
急坂の連続
自転車を押して
ゆっくり進んだ

伊豆大島を訪れるのは、これで何度目になるだろう？　わが家からも東京からも最も近い島だから、機会あるごとに伊豆大島を旅してきた。

海遊びが目的で旅したこともあるし、三原山の縦走トレッキングに出かけたこともある。また犬連れバックパッキングでも全島を歩いているし、イベントの講師としてグループを引き連れて歩いたこともある。もちろん、自転車ツーリングも経験している。

アクセスが容易で身近な島でありながら自然の色が濃く、幅広いジャンルの旅人を受け入れられる懐の深さも伊豆大島の魅力なのだろう。毎回新鮮な気持ちで伊豆大島を旅してきたが、今回の伊豆大島はこれまで以上に僕の胸はときめいていた。

それは小学5年生の息子、南歩《なんぽ》とふたり旅だからだ。

1年前の夏休みはビッグスクーターで南歩と北海道をタンデムツーリングした。長男の一歩がそうだったように、南歩もやがて父親から離れていくだろうから、そうなる前に父と子の濃密な旅をしておきたかったのだが、ありがたいことに1年が経った今も南歩は僕を慕ってくれている。ならば、今年の夏休みはタンデムシートに座っているだけでなく、父と同じ立場で自らの足を頼りに旅をする歓びを体感してもらおうと、自転車ツーリングを企画した。そのフィールドとして、一周ツーリングの達成感を気軽に味わえる伊豆大島を選んだのである。

愛用している折りたたみ自転車ＭＲ４Ｆをかついだ僕と南歩は、八ヶ岳山麓からＪＲ中央線の特急あずさで新宿に向かい、山手線に乗り継いで浜松町駅で下りて竹芝桟橋まで歩いた。

今回はＭＲ４Ｆに加えて、かつて波照間島を旅したときに使ったＢＤ－１も用意した。すでにＢＤ－１は宿泊予定の民宿に宅配便で送ってある。軽量とはいえ、約10kgの折りたたみ自転車を担がせて移動するのは小学生には酷だし、僕が2台の自転車を担ぐのは無理がある。そこで宅配便を利用したのだが、ただしＭＲ４Ｆはいつものように担いでいくことにした。送料を浮かせたかったし、自転車がこうして簡単に島へ持ち運べるという事実を息子に見せたかった

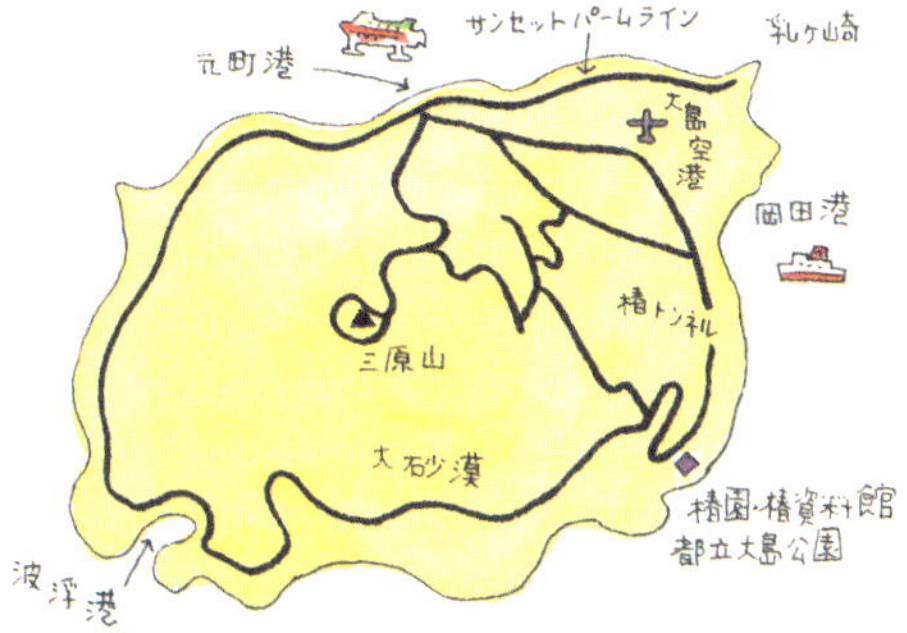

からでもある。

高速船は席がすべて埋まった状態だった。海水浴に行くであろうファミリーもいれば、若者グループもいる。みんなの表情がいきいきしているように見えるのは、夏休みだからかもしれない。心地よい揺れに南歩は寝てしまい、約2時間後に伊豆大島の元町港へ到着。

伊豆大島に上陸した僕らは、ネットで予約しておいた、元町港のすぐ近くにある民宿に向かった。大人4000円、小学生2000円、素泊まりのみの安宿である。

BD－1とMR4Fを組み立てた僕は、南歩に訊いた。

「どっちの自転車がいい？」

「どっちでもいい」

南歩はそう答えたが、その表情はどっちの自転車にも乗ってみたい、と語っていた。

まずは南歩がMR4Fに、僕がBD－1に乗ってショートツーリングに出発した。伊豆大島の玄関口、元町港から北部にかけて片道約7㎞のサイクリングコースがあるのだ。

サンセットパームラインと名づけられた海沿いのコースはほぼ平坦で、潮風が心地いい。ゆっくりでいいから、と南歩にはいっておいたが、ペダリングが気持ちいいのだろう。快調にペダルを漕ぎ続けて、すぐに北端の野田浜に到着した。

海水浴の準備をしてきたが、海は荒れていて誰も泳いでいない。帰りは自転車を交換して、宿に戻った。

「明日は伊豆大島を一周しような」

「うん！　伊豆大島は走りやすいね」

どうやら南歩は、伊豆大島がすべて今日走ったような平坦なコースだと思っているようだ。

地図を見せて「このへんの道はどうして曲がりくねっているか、わかるか。坂がきついからなんだぞ」と、説明したが、南歩は「大丈夫！」と自信満々に答える。

今回の島旅に使ったMR4Fと、BD-1。サドルの高さを変えることで、小学5年生の南歩はどちらの自転車にも乗ることができた。

まあ、いいか。明日になればわかることだから、と僕はそれ以上説明するのはやめた。

近くにある温泉に入りに行ったあとはどこかへ夕食に出かけるつもりだったが、僕は温泉施設内にある食堂で湯上がりの冷えた生ビールが飲みたくなったし、南歩はカレーライスが食べたいというので、伊豆大島の料理とは関係ない夕食を済ませ、休憩室の大画面テレビで北京オリンピックを観た。

☆

天気予報によれば、ここ数日はぐずついた空模様が続くという。2日目は雨は降っていないものの、すぐに降り出しそうな雲行きだった。

まずは南部の波浮港方面に向かって走り出す。半時計回りで約35kmの伊豆大島をぐるりと一周する計画だ。

南歩を先頭にして走り出したが、しばらくして南歩が質問した。

「これって、国道?」

「いや、国道じゃない。県道でもない。それに町道でもない。なんだかわかるか?」

南歩はどういうわけか、〝道マニア〟なのである。八ヶ岳山麓のほとんどの道路を「ここは県道○号線、こっちは町道○号線」と覚えて喜んでいる不思議な少年なのだ。

質問の意味をわかっていないようなので、僕は南歩に教えた。

「答えは都道。この島は東京都だろ」

「なるほどーっ!」

そんなに喜ぶほどのことには思えないけど、南歩は満面の笑みを浮かべ、島を走っている車を見て「品川ナンバーだ」とはしゃいだ。

島のおみやげに南歩が選んだのは、そこらじゅうにある溶岩。「軽いし、ただだから」というあたりはさすが、バックパッカーの息子である。

しかし、南歩がにこやかにペダルを漕いでいられるのも、波浮港の手前までだった。

伊豆大島の南西部は集落がなく、起伏がきつい道路が連続する。一周道路の約3分の1は勾配のきつい道路なのである。

表情からは笑みが消え、火照った顔から汗が滴り落ちたころ、南歩は「休みたい」と言い出した。

「いいよ。急ぐことはないから、ゆっくり行こう。漕げなかったら押して歩けばいいんだ」

ゆっくり休んだあと、再び走り出すように促すと南歩はいった。

「おとうさんが先に行って」

「よし、わかった。じゃあ、行くぞ」

僕は南歩の体力を考えてゆっくりと漕ぎ出した。すると南歩がいった。

「おとうさんのあとをついていくと、なんだかがんばれる」

「……。そうか」

その言葉に胸がキュンとなりつつも、兄と弟ってやっぱり違うんだなと、あらためて思った。

長男の一歩は小学5年生のときに日本海から太平洋まで日本横断の自転車ツーリングをして、小学6年生のときは九州縦断ツーリングをした。

そのとき一歩《いっぽ》は、自分が常に先頭であることを望んだ。父親の後ろに従うことを嫌がっていたのに、南歩は違う。もう少し厳しくしたほうがいいのかなと思う反面、これが南歩の個性なんだから、あえて変えてしまう必要もないのかも、と思う。

島の北東部にある椿トンネル
伊豆大島は
椿の島なのだ

島の北西部にあるサンセットパームラインのサイクリングコース。「もう一度ここを走りたい」といい出すほど、南歩は気に入っていた。

竹芝桟橋と伊豆大島を２時間で結ぶ超高速ジェット船のセブンアイランド。揺れが心地よくて、僕も南歩も乗船してすぐに眠ってしまった。

「まだ半分いってない？」「まだかな？」と、何度も訊く南歩に対して「あのカーブまで漕いだら、歩こう」「あそこまで行ったら休もう」と何度もおだてて、ゆっくりながらも前進を続けた。

そしてようやく一周道路の最高地点である大砂漠に到着した。ここら一帯は三原山の噴火による溶岩地帯で、茫漠とした広大な風景が見られるはずだが、残念ながら霧が立ちこめていて、ほとんど見えなかった。しかし、上り坂がほぼ半分終わったことで、南歩はうれしそうだった。

道路沿いに土管の形をしたシェルターがあったので、そこでゆっくりと休憩をとることにした。

僕は南歩にこのシェルターがなんのためにあるのか説明し、かつてこの島では火山が噴火して全島民が避難した史実を話した。１９８６年のことだから、僕にとっては遠い昔ではないし、そのときのニュース映像も記憶に残っているのだが、南歩にとってはまったくピンと来ない話かもしれない。

お菓子を食べて、お茶を飲んでいたら、南歩が唐突にいった。

「ねえ、おとうさん。おとなになるってどうゆうこと？」

「えっ？」

いきなり何をいうのだろう。

そうだな……。ひとりで考えて、ひとりで行動できることかな……と答えようと思ったら、南歩がいった。

「今までの自分を見つめ直すこと？」

「はあ？」

今どきの小学生ってすごいんだな、と僕は驚いたが、南歩は唖然とする僕を見てニヤニヤと笑っている。

ひょっとして、それは何かのコマーシャルか？　と訊いたら、南歩はコクリとうなずいた。

まったく、もう……。うちの子って哲学的才能があるかもしれないと思ってしまった自分が情

溶岩地帯の大砂漠。霧がなければ広大な風景を眺められるのだが、急坂を上り終えた南歩はもう坂を上らなくて済む、とご機嫌だった。

けない。

その後はほとんど下り坂だった。

僕は南歩に先頭を走るように命じた。風を切って走るのが、気持ちいいのだろう。顔は見えないけど、南歩の背中がそう語っている。スピードは30㎞以上出ているけど、ほとんど車が通らないから、道路の中央を堂々と走り続けられるところも、島の魅力だ。カーブの手前では減速するように命じたが、それ以外は南歩の好きなように走らせた。

そして元町港に戻ってきたときは、自分でも一周を達成したことに気づいたのだろう。

「都道２０８号線を全部走った！」と、ピースサインを出した。


翌日は三原山まで登るつもりでいたが、天気が悪く、元町港から見上げる三原山は厚い雲に隠れていた。

南歩に訊いても「行きたくない」という。結局、午後の客船が出航するまで僕らは港近くの磯でカニをつかまえて遊んだ。

根性なしの伊豆大島ツーリングだったけど、僕は南歩とたっぷり遊べて最高に楽しかったし、南歩にとっても、伊豆大島ツーリングは夏休み一番の思い出になったに違いない。そして息子と一緒に汗をかいて島を旅できた僕は、息子以上に満足感が残った。

亡くなった赤塚不二夫を偲んでいうなら、これでいいのだ、と僕は思う。

旅のおこづかいメモ

8月16日

長坂→新宿（JR特急）	¥7,420
竹芝桟橋〜伊豆大島(行きジェット船、帰り客船)	¥22,860
自転車料金（手荷物扱い）	¥1,000
昼食代（ラーメン、チャーハン）	¥1,650
宿泊代（素泊まり２泊分）	¥12,000
夕食代（うどん、カレーライス、生ビール等）	¥2,200

8月17日

朝食代（パン、ジュース、その他）	¥1,057
昼食代（ラーメン）	¥1,200
夕食代(島寿司、その他)	¥3,600

8月18日

朝食代（パン、ジュース、その他）	¥724
昼食代（ラーメン）	¥1,400
夕食代（焼き魚定食、うどん）	¥2,200
新宿→長坂高根(高速バス)	¥3,450
合計	**¥60,761**

3日間の走行距離 …… **58.5km**

island trip
16
— 礼文島 —

さいはての北の島で スパシーバ

ACCESS

稚内からフェリーが1日数便運航（季節によって本数が異なる。利尻島経由便もある。所要時間1時間55分、2等2,200円）。

礼文島の海岸線は
ほとんど平坦で
走りやすい

晩秋の礼文島に
観光客の姿はなく
空は青く澄み渡っていた

想像していたとおりだった。

秋風が吹く10月下旬の礼文島に旅人の姿はなく、フェリーターミナルは閑散としていた。シーズン中ならタラップの降り口付近に宿の出迎えの人々が並んでいるはずだが、すでにほとんどの宿が今シーズンの営業を終えている。

フェリーから下船した僕は、輪行してきた自転車を組み立ててから、お昼を食べようとフェリーターミナル2階の食堂へ入った。

礼文島名物といえば、ウニ丼だ。とくにエゾバフン生ウニ丼は絶品である。期待して食堂に入ったのだが、「ウニはもうありません」とのことで、かわりに1200円もするミニサイズのいくら丼と、600円のラーメンを注文した。

そして食事を終えて階段を下りると、外国人のバックパッカーがいた。

僕が乗ってきたフェリーで稚内に戻るのだろう。目が合った僕らは、どちらともなくあいさつを交わした。

彼はフランスから来た旅人で、日本を約2ヵ月間旅しているという。礼文島の印象を訊ねると「とても美しい島だ」と英語で答え、3日間滞在中に礼文島のトレイルを何本か歩いたが、どこを歩いても自分ひとりしかいなかった、でも楽しかった、とはにかんだ笑顔で語った。さらに自分が日本のどこを旅してきたのかを説明してくれた。

日光、京都、広島、長崎……など、オーソドックスな観光地ばかりだったが、彼は最後に「とくにN島がよかった」と言い出した。

瀬戸内海に浮かぶ島である。観光で知られた島ではない。「なぜN島が?」と訊ねると、彼はフランスのガイドブックを出して、その魅力を説明してくれた。

なるほどなあ…。

詳細はここでは明かさず、その島を旅したときに紹介したい。島旅のヒントをありがとう、と

彼に感謝したい気分である。

別れる前に写真を撮らせてほしいと頼むと、彼も僕の写真を撮りたいとバックパックからカメラを出した。

いまどき珍しい二眼レフのクラシカルなフィルムカメラ、ドイツのローライフレックスだった。彼は露出計を使って測定してから、ファインダーを覗き、シャッターを押した。コンパクトなデジカメも持っているそうだが、マニュアルのフィルムカメラで丁寧に僕を撮影してくれたことがうれしかったし、アナログな撮影スタイルは、島の空気とリズムに合っていると思った。

シーズン中なら、昔ながらのユースホステル『桃岩荘』の面々が歌と踊りでフェリーを見送ってくれるが（3年前に僕も『桃岩荘』に泊まり、彼らと一緒に歌って踊って、島を離れる旅人を見送っている）、いまは見送りの人は誰もいない。

僕は礼文島を去るフランスの旅人を見送ってから自転車に乗り、巨大な桃岩を眺める遊歩道に向かった。

彼がいったとおり、誰もいない。隣島の利尻山の全貌が望める雄大な景色を独占して遊歩道を歩いたあと、フェリーターミナルに近いビジネス向けの民宿に泊まった。

☆

翌日は礼文島の北に向かって自転車を走らせた。

2泊目の宿は最北限のスコトン岬に近い星観荘を予約してある。男女別相部屋が基本で、ひとりで泊まっても他の旅人と仲良くなれるユースホステル形式の民宿だ。

シーズン中は予約がとりにくいほどの人気の宿だが、10月に入ってからは1週間以上宿泊客がいなかったそうで、予約のとき「あなたひとりだけですが、いいですか」と宿主に念を押された。

礼文島で知り合った唯一の旅人はフランス人だった。さわやかな笑顔が印象的だ。

天気は昨日に続いて快晴だ。この時期の礼文島は例年なら初雪が降るらしいが、予想外に潮風は心地よく暖かい。ほぼ平坦な礼文島の海岸を気分よく1時間ほど走って、礼文岳登山口の内路という地区に到着した。

ここから標高490mの礼文岳山頂まで約2時間歩けば到達できる。急ぐ旅でもないからと、寄り道して礼文岳に登ることにした。

オートバイやクルマの旅だと腰が重くなりがちで、寄り道して山に登ろうという気はなかなか起きないけど、脚力が頼りの自転車の旅は、気分的にも体力的にもすんなりと歩く旅にシフトできる。それも自転車ツーリングの魅力だと、自称バックパッカーの僕は思う。

秋の北海道の山は冬眠前のヒグマと遭遇してしまう危険性があるけど、島なら安心だ。フランスの旅人がいったとおり、誰ともすれ違うことなく約1時間半で山頂に到着した。

空気が澄み切った晴天の日は山頂からサハリンも見えるらしい。そこまで晴れてはいないものの、礼文島全体の地形やオホーツク海が一望できるすばらしい眺めだ。

僕はオホーツク海を眺めながら、コンビニで買ったおにぎりを口にした。すると、冷たい北風が山頂を吹き抜けた。

寒さにふと首をすくめたその瞬間、ここが北の最果ての島であることを実感した。

対馬や与那国など、これまでも国境に近い島を旅してきたが、それらの先にある韓国や台湾は日本と同じアジアの延長線だ。しかしこの島からわずか数十km離れたサハリンは、人種も文化も違うロシアなのである。

十年ほど前に僕は稚内からサハリンへフェリーで渡ったことがあるが、そのとき海を少し航行した先にヨーロッパがある事実に、感動と異国情緒をおぼえた。

その記憶はすっかり薄れていたが、冷たい北風を受けた瞬間、あのときの想いがよみがえった。

いま、自分はヨーロッパに最も近い島にいるんだ、と礼文岳山頂に吹く北風で再確認し、何か

抜群の立地に建つ星観荘。このロケーションと宿主の彦さん夫妻のホスピタリティに惹かれて何度も訪れるリピーターが多いというが、一度泊まれば納得できる。1泊2食6000円。

叫びたい気分になった。そして北の海に向かって「スパシーバ（ありがとう）」と、ロシア語を叫んだ。とくに意味があるわけではないけれど。

☆

その晩、星観荘ではうれしい再会があった。

3年前に僕は最北の礼文島から日本最西端の与那国島まで自転車で日本縦断の旅をしたのだが、そのとき偶然にも与那国島から礼文島に移り住んだ鹿川さんという方と出会った。

日本列島で最長距離の移住者であろう鹿川さんとの出会いに運命を感じた僕は、鹿川さんの姿を撮影し、その写真を与那国島で暮らす鹿川さんの母親に手渡すことを目標に日本縦断の旅をスタートしたのである。

昼に鹿川さん宅を訪ねたが留守だったため、星観荘に泊まっている旨を書いた置き手紙を鹿川さんの家のドアにはさんでおいたところ、鹿川さんは子供たちを連れて星観荘を訪れてきてくれた。

星観荘の子供たちと鹿川さんの子供たちは同級生で、家族ぐるみのつきあいをしており、鹿川さんが持参した泡盛を最北の島で飲むという、うれしい酒宴がはじまった。

シーズン中でも旅人同士の酒宴は行なわれるが、星観荘の宿主の彦さんは腰を落ち着けて旅人たちと飲んでいるわけにはいかない。4月下旬のオープンから10月末日にクローズするまで、一日も休めず朝早くから夜遅くまで働く毎日が続くからだ。

礼文島は利尻山の
眺望を楽しめる
スポットでもある

オホーツク海が一望できる礼文岳山頂。サハリンは見えなかったけど、ロシアの風を感じた気になった。

星観荘のリビングの大きな窓からオホーツク海に沈む夕日が眺められる。優雅な時の流れを感じる。

オフシーズンのひとり旅は、旅人とふれあう機会がないだろうと覚悟していたけれど、でもオフシーズンだからこそ、宿主とじっくり酒を飲んで語り合えるわけである。これはこれで旅の楽しみじゃないかと、彦さん夫婦や地元民である鹿川さん夫婦と酒を酌み交わしながら思った。

「年をとると、行ってない場所へ行くよりも、行った場所へまた行こうっていう気持ちが強くなるでしょ」

彦さんに指摘されて、否定はできなかった。なんせこうやって何度か来たことがある礼文島を訪れて、かつて会った人との再会を喜んでいるわけだから。

たしかに若かった頃は、旅した場所を白地図に塗りつぶす感覚で旅を続けていた。同じ場所を再び訪れるなんて、時間と金の無駄だし、かっこわるい、と気張っていた。

でも、いまは違う。ただし、冒険しなくなった、安定志向になった、というわけでもない。

いまは新天地へも旅をするし、かつて訪れた場所を再び訪れても旅が楽しめる。つまり「行った」「行かない」に関わらず、どこでも旅を楽しめるようになった、と僕は思っている。むしろ若いときよりも、年齢を重ねたいまのほうが旅を楽しんでいるはずだ。

そう主張しようと思ったが、北の島で飲む泡盛がおいしかったし、雰囲気にも酔ってしまったので、うまく言葉にすることができなかった。

そしてどうやって自分が布団に入って寝たのか、記憶が定かでない深い眠りに落ちた……。

翌日、港まで自転車ごとクルマに積んで送っていくと彦さんはいってくれたが、いい天気が続いていたし、走りたい気分だったので、南に向かって自転車を走らせた。

昨晩、鹿川さんに再会したこともあり、3年前の日本縦断の旅が頭に浮かんだ。

あれは『20年目の日本縦断』と題した旅だった。24歳の夏に僕は北海道から沖縄まで自転車で旅したのだが、そのとき20年後に再び自転車で日本縦断をしようと決めた。20年前の日本縦断で

ほとんどの旅人が写真を撮る最北限のスコトン岬。ここにも誰もいなかった。すぐ沖には無人島のトド島が浮かんでいる。

は出会った人々からこんなことをいわれたからだ。

「そんな旅ができるのも、若いうちだけだよ」とか「学生のうちだけだよ」あるいは「家族を持ったらできなくなるから、今のうちに楽しんでおきなさい」というようなことを聞かされた。

違う。自分はこういう旅が好きだからしているだけだ。若いからしているわけではないし、学生で独身だからしているわけでもない。そう主張したかったけど、そのときは自分の立場がすべてあてはまっているから彼らに反論できなかった。だから若くもなく、学生でも独身でもない20年後にもう一度自転車で日本縦断をしてやるんだ、と心に誓ったのである。

礼文島からスタートした日本縦断はその誓いを果たしたわけだけど、それほど気張る必要もなかったな、スローな旅を楽しめたな、とあれこれ振り返りつつ、気持ちのいい海岸を快調に走っていると、背後から来たダンプカーが、プップーとクラクションを鳴らした。

ふと運転席を見ると、鹿川さんが笑顔で手を振っていた。

そうだった。鹿川さんは道路工事の仕事をしていたんだっけ。

僕は走り去るダンプカーに大きく手を振った。

「また来ます」という思いを込めて。

旅のおこづかいメモ

10月20日

長坂高根→新宿（高速バス）	¥2,050
新宿→羽田（リムジンバス）	¥1,200
羽田→千歳（飛行機＝特割7）	¥23,800
千歳→札幌（JR）	¥1,340
札幌→稚内（夜行バス）	¥6,000
昼食代（カツ丼）	¥840
夕食代（焼き魚定食、生ビール）	¥2,200

10月21日

朝食代（コンビニでパン等）	¥368
交通費：稚内→礼文（フェリー）	¥2,400
昼食代（ミニいくら丼、ラーメン）	¥1,800
宿泊代（1泊2食、ビール代含む）	¥6,900

10月22日

昼食代（コンビニでおにぎり等）	¥528
宿泊代（1泊2食）	¥6,000

10月23日

礼文→稚内（フェリー）	¥2,400
稚内→札幌（バス）	¥6,000
札幌→千歳（JR）	¥1,340
千歳→羽田（飛行機＝特割7）	¥23,800
羽田→新宿（リムジンバス）	¥1,200
新宿→長坂高根（高速バス）	¥2,050
昼食代（うどん定食）	¥630
夕食代（ラーメン、餃子、ビール）	¥1,575
合計	**¥56,263**

4日間の走行距離 **77.6km**

island trip
17
— 小笠原諸島 —

美しいガラスビンを さがしに行った

ACCESS

週1便運航する『おがさわら丸』(所用時間約25時間、2等22,570円、輪行袋に入った自転車1,150円)が一般的な旅人の交通手段となる。かつては貨客船の共勝丸(約2日、18,000円)に乗船できたが、現在は工事関係者や小笠原諸島在住者などに限られる。

小笠原父島の戦跡ツアー

小笠原の父島・母島には太平洋戦争中に日本軍が築いた防空壕や大砲など 戦争の跡が残っている

２００７年の師走、小笠原村役場の総務課から一通のメールが届いた。

小笠原諸島がアメリカから返還されて、来年で40年を迎える。返還40周年記念事業をいくつか企画しており、そのひとつとして小笠原に来た経歴がある各界著名人からお祝いのメッセージをいただきたいとのことである。

自分なんかを各界著名人として扱ってくれることは光栄だし、小笠原はお気に入りの島だから喜んで協力したい。快く引き受けたが、どうせならお祝いメッセージをメールではなく、直に届けてみようかと思った。デジタルの時代に逆行して、はるばる小笠原まで足を運んでお祝いメッセージを届けるなんて、旅人っぽくてかっこいいではないか。

そう提案したものの、それでは間に合いません、とのこと。メールで送信することにしたが、僕はお祝いメッセージの最後にこう書いた。

「40周年を祝うという口実で、今年は小笠原に行きます」と。

しかし、なかなか実行に移せないまま時が流れた。

ネックとなっているのは、小笠原への距離だ。東京から南へ約千km、乗船時間は25時間超という絶対的な距離に加えて、飛行機がなくて月に数便の船で渡るしか渡航手段がないために、実際の距離以上に遠い島に感じてしまう。

定期船『おがさわら丸』（通称おが丸）が出航するのは土曜日の午前10時で、翌日曜日の昼に小笠原の父島に到着。そして水曜日の午後に父島を出航して、木曜日の午後に竹芝桟橋に戻る。つまり最短でも小笠原を旅するには6日間が必要なのだ。

次に時間がとれたら行こう、この次は……と先送りしているうちにタイミングを逃してしまい、返還40周年が終わりに近づいた２００８年12月初旬、ようやく僕は『おが丸』に乗船した。

この時期はオフシーズンだが、今回の航海は返還40周年記念事業に関連したプログラム、全国エコツーリズム大会が小笠原で開催されるため、参加者や関係者が乗船していて船内は活気が

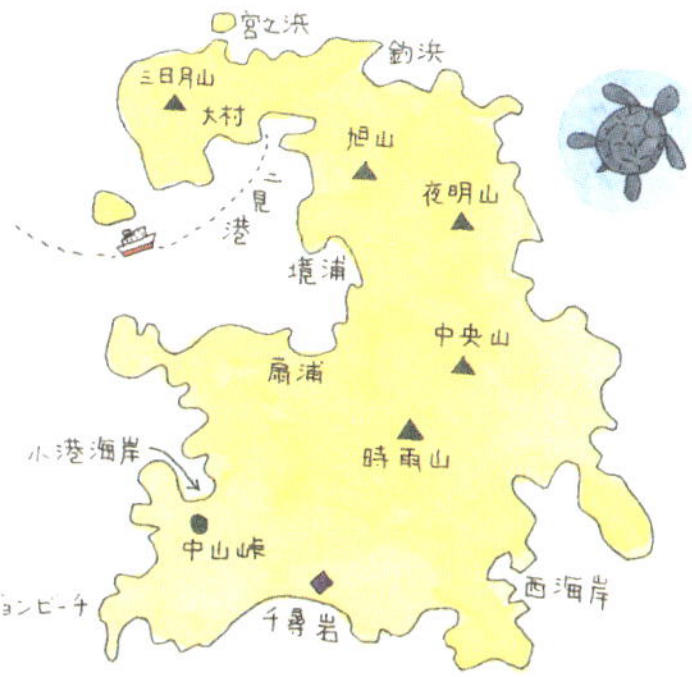

あった。

エコツーリズム関係者には顔見知りもいて、彼らも乗船しているはずだが、乗船中に彼らと接する機会はなかった。というのも、この日は伊豆諸島の航路がすべて欠航するほど太平洋が荒れており、航海中はひたすら寝るしかなかったのだ。

多くの乗客が船酔いにやられていたが、かつて『おが丸』よりも揺れる貨物船で小笠原へ渡ったことがある僕は平気だった。それは共勝丸という船で、乗客の定員はわずか9名。おが丸よりも格段に小さく、横揺れを防ぐスタビライザーもついていないため、海が荒れるとすぐに欠航したり、近くの港に避難するスローな船である。僕が乗ったときは47時間後に小笠原に到着しておおいに船旅を楽しめたが、残念ながらいまは一般旅行者を受け入れてはいない。

☆

おが丸は予定よりやや遅れて、12月7日のお昼に父島へ到着。雨が降る父島の二見桟橋は、出迎えの人々でにぎわっていた。

今回の宿泊は、自炊と相部屋が基本のリーズナブルな民宿『パパヤ』を3泊ぶん予約してある。かつて小笠原を旅した女友達から「パパヤに泊まるといいよ」とアドバイスを受けたからで、彼女の言葉どおり、同宿になった大学生のマナちゃんやディズニーシーで働いていたカナちゃん、酒豪のマルちゃんなど、元気がいい若い女性たちと初日から酒を酌み交わして、おおいに盛り上がった。

小笠原の場合、旅人は誰もが遠路はるばる『おが丸』に揺られてくるわけだし、『おが丸』が出航するまで顔をつき合わすことになる。ネックであるはずの要素が、むしろ旅人の連帯感、仲間意識を強めている。

写真右）父島滞在中におが丸は宿として開放されることもある。悪天でも出航する頼れる船だ。
写真左）展望がいい旭山から眺めた父島の二見湾。のどかで美しい島だ。

これは小笠原ならではの魅力といえるだろう。オフシーズンだけど来てよかった、と到着初日から思った。

翌日も天気はよくなかった。

しかし雨が降りっぱなしではなく、ときおり晴れ間がのぞく南の島らしい空模様だ。

いつものようにジャイアントのMR４Fを組み立てた僕は、島を旅するときの決まり事になりつつある、島の一周ツーリングに出かけた。

海沿いの道はほぼ平坦だが、山に入ると急勾配の道が連続する。僕は無理をせずに、ときどき自転車を押してゆっくりと歩いた。

わが八ヶ岳山麓は冬枯れの風景に包まれているが、ここには生き生きとした森が育っている。亜熱帯を想わせる立派なガジュマルの木も所々に見られるが、ただしガジュマルは沖縄方面からの外来種で、小笠原固有の樹木ではない。むしろ小笠原の固有種を脅かしている存在といえる。

前回小笠原を訪れたとき、僕は隣の母島でガジュマルと同じく外来種のアカギを駆除するボランティア活動に参加したが、森を眺めて歩いているうちにそのときの思い出が浮かんだ。

たまたまテレビ番組の取材で来ていた女優の高樹沙耶さんも一緒に山に入ってアカギを駆除したのだが、それから数年後、房総半島でエコな田舎暮らしをはじめて、本名の益戸育江さんに戻った彼女と交流を持つようになったし、他にも一緒に駆除したピアニストの女性やイラストレーターの女性ともいまだにつきあいが続いているのだから、小笠原はやっぱり魅力的な島だと思う（なぜか、つきあいが続いているのは女性ばかりなんだけどね）。

山を登り切って一気に下り、脇道に入ってしばらく進んだところで、僕は自転車を置き、踏み跡を辿って森の中へ進んだ。

目的は、戦時中に使われていた古いガラスビンを探すためだ。

うちの近所に小笠原から移住してきた知人が住んでいるのだが、旅に出る前に訪ねたら、彼は

週に１便の『おが丸』で暮らしのリズムが成り立つ父島では、新聞が１週間単位で売られている。

山間部では野生のヤギに遭遇する。増え過ぎたため、定期的に駆除しているそうだ。

廃墟に転がっていたビン。これを持って帰る度胸は僕にはない。

父島の山中で拾った古い小ビンを見せてくれた。それがやけに美しく思えて、自分も小笠原に行ったら山中に入ってゲットしようと決め、昨日民宿パパヤの奥さんに廃墟らしき場所を教えてもらったのである。

鬱蒼としたジャングルに包まれ、湿気が漂う少々不気味な雰囲気の踏み跡を進むと、かつて建物があったであろう場所に出た。シダ類の植物にびっしりと覆われているが、石垣があるし、防空壕らしき横穴もある。

そんな場所を足元に注意して歩いていると……、あった、あった! 古いガラスビンがいくつか転がっていた。

ただし、彼の家で見たようなチャーミングな代物ではなかった。ビールビンらしき割れた茶色のビンにはDAINIPPONと書かれてある。それ以外のビンはどれもかなり汚いし、怪しい。こんなのを持って帰ったら何かが憑いて来そうだ。

ビンの収集をあきらめた僕は、その場でたたずみ、物思いに耽った。

こうやって何もせずに、ひとりで自然の中で時間を過ごしているだけでも心は癒される。自分の足で島のどこへでも行ける自由気ままな自転車のひとり旅っていいなあ、とあらためて思ったが、時間が経つにつれて、別の想いも頭に浮かんだ。

小笠原はあの激戦の硫黄島に近い島である。どのような戦争の歴史があり、戦跡はどこにどの程度残っているのだろうか? ガイドブックには載っていない情報を知りたいと、にわかに思ったのである。

そして翌日、僕は地元のガイドが主催する戦跡ツアーに参加した。

朝9時に車でピックアップしてもらい、昼前には戻ってくる半日の手

小港海岸からジョンビーチまでの
トレイルは最高
美しい海岸の眺望が楽しめる

軽なツアーだ。

この日は僕以外に5人の参加者がいたが、地元の主婦も2名参加していて好感を持った。えてして、地元の住民は自分が暮らす場所の情報に疎かったりする。生活の情報は知っていても、旅人が興味を持つ情報に関してはほとんど知らなかったりするのだ。

ガイドの吉井さんは、ひとりではたどり着けない広大な防空壕や当時の大砲がそのまま置かれている砲台などへ僕らを案内して、どのような過去があったのか、詳しく説明してくれた。

ジャングルの中にぽっかりと空いた防空壕は、車が通れるトンネルくらいの空間だった。日本軍の兵士は、戦争の狂気のなか、明日を信じてこの巨大な穴を手で掘ったのだろうか。

展示物としてではなく、自然のまま放置された防空壕だけに、生々しさを感じた。またガイドの吉井さんが高射砲の射撃方法などを持参したイラストで説明してくれたのが、ライブ感があってよかった。

ひとり旅で関心をもったコンテンツを、こうしてプロのガイドから直接解説してもらう。じつに有意義な旅ではないか、と思った。

勉学にも通じるだろうけど、一方通行の受け身で講義を聞くだけではつまらないし、マイペースの独学では限界がある。ひとり旅とツアーの両方を体験できれば、旅はさらに奥深いものになるはずである。

また、この日参加したメンバーとすぐに仲良くなれたこともうれしかった。住民ならではのお買い物情報などを伝授してくれた地元の主婦も楽しかったが、それ以上にユニークだったのは、就職が内定したという、ひとり旅の大学生だ。彼は戦跡に着くたびにデジカメで動画撮影をするのだが、僕らがいるにも関わらず自分でナレーションを語るのである。

「まるで時間が止まったかのように、大砲が当時のままの形で残っています」というように、レポーターになり切って語り続けるのだ。しかも家族や彼女に見せるためにナレーション入りの動

島を離れる『おが丸』を見送ろうと、地元のクルーザーが沖まで並走してくる。この光景を体験すると、また来ようという気になってしまう。

画を撮影しているのではなく、自分の思い出づくりだというから、おもしろい。

ガイドの吉井さんや地元の主婦たちに大ウケだったが、旅先でセルフタイマーを使って自分を撮影しているものの、人がいるとはずかしくて中断してしまう自分としては、彼の神経を見習うべきかも、と思った。

☆

小笠原滞在、最後の夜。

僕は返還40周年事業のスタッフたちに誘われて、エコツーリズム大会のシンポジウムに参加した。そして顔見知りのパネリストに指名されて意見を述べた。

自分は気ままなひとり旅の魅力を文章で伝え続けている人間である。エコツアーと相反する立場だと思われるだろうけど、そうとは言い切れない。ひとりでも旅に出る若者が増えれば、エコツアーも活性化する。なぜならば、ひとり旅で小笠原に惹かれた旅人は、次に来るときは自由旅行では得られない知的好奇心を満たすためにエコツアーに参加するはずだ。

今回の小笠原で、エコツアーの魅力も体験できただけに、僕は胸を張ってそう主張した。

そして滞在中に知り合った仲間たちや地元の人々と酒を酌み交わして語り合い、またしても小笠原が大好きになった。

旅のおこづかいメモ

12月6日

長坂高根→新宿（高速バス）	¥2,050
竹芝→小笠原（おがさわら丸2等）	¥26,300
自転車運賃（おがさわら丸）	¥1,340
昼食代（おにぎり等）	¥673
夕食代（船内レストランにて）	¥1,190

12月7日

朝食代（船内レストランにて）	¥700
昼食代（ラーメン）	¥750
飲酒カンパ代	¥2,000

12月8日

朝食代（サンドイッチ等）	¥570
昼食代（カレーライスセット）	¥1,100
夕食代（居酒屋で旅人3人と割り勘）	¥3,200

12月9日

朝食代（おにぎり等）	¥460
戦跡ツアー参加費	¥5,000
昼食代（カップラーメン等）	¥360
シンポジウム参加費（パーティー出席飲食代含む）	¥2,000

12月10日

朝食代（おにぎり等）	¥675
宿泊代（3泊分、初日のみ夕食あり）	¥13,100
昼食代（サワラ丼）	¥1,100
小笠原→竹芝（おがさわら丸2等）	¥26,300
自転車運賃（おがさわら丸）	¥1,340
夕食代（船内レストランにて）	¥1,110

12月11日

朝食代（船内レストランにて）	¥680
昼食代（ラーメン）	¥1,110
新宿→長坂高根（高速バス）	¥ 2,050
夕食代（そばセット）	¥1,260
合計	**¥96,418**

5日間の走行距離 …… **86.4km**

island trip

18

— 石垣島 —

母と息子の自転車ふたり旅

ACCESS

那覇から飛行機が1日20便以上（所要時間約1時間5分、23,000円）、東京から2便（所要時間約3時間30分、59,300円）、大阪から1便（所要時間約2時間50分、48,400円）、名古屋から1便（所要時間約3時間5分、53,000円）神戸から1便（所要時間約2時間45分、48,400円）運航している。かつては那覇からフェリーが運航していたが、08年5月に廃止された。

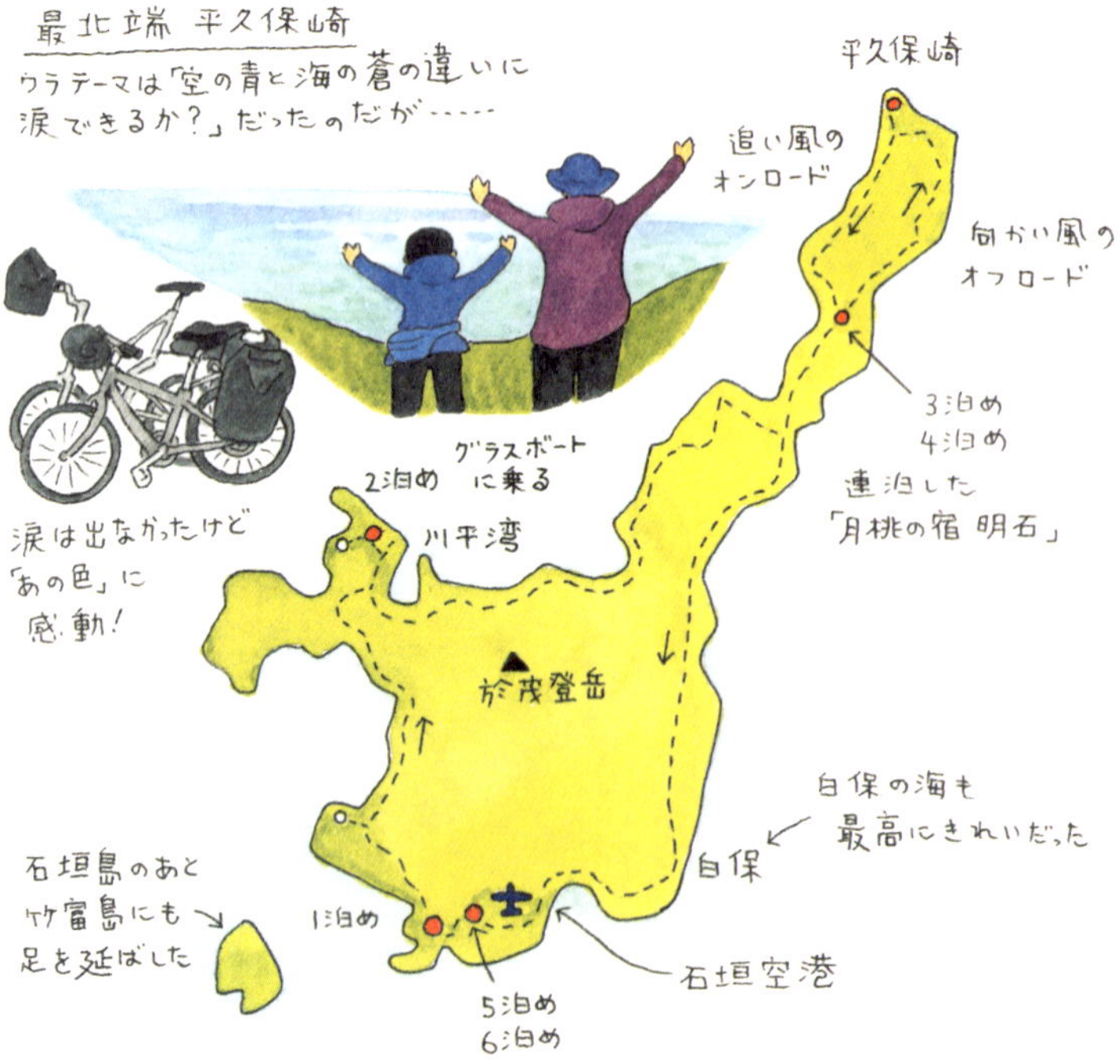
最北端 平久保崎
ウラテーマは「空の青と海の蒼の違いに涙できるか？」だったのだが-----
平久保崎
追い風のオンロード
向かい風のオフロード
3泊め
4泊め
連泊した「月桃の宿 明石」
グラスボートに乗る
2泊め
川平湾
涙は出なかったけど「あの色」に感動！
於茂登岳
白保の海も最高にきれいだった
白保
石垣島のあと竹富島にも足を延ばした
1泊め
石垣空港
5泊め
6泊め

僕は紀行エッセイを数誌に連載していて、妻はすべてに目を通しているが、バイシクルナビに連載している『自転車で出会う楽園の島』はとくに気に入っているようだ。

八ヶ岳山麓に暮らしている住環境も手伝って、島を自転車で旅する紀行文を読んでは「自転車で島を旅するなんて、いいなあ…」とうらやましがっている。

そんな妻だが、次男の南歩と旅した伊豆大島編を読んだときは、目の色が変わった。

「私も南歩と自転車で島を旅する！」と宣言したのだ。

わからないでもない。僕は本文に「息子はもうすぐ父親から離れていく。息子とふたりで濃密な旅をするチャンスは今しかない」と書いたが、それは母親にもいえることなのだ。

今後、僕が旅を続けていくためにも、円満な家庭を築くためにも、たまには妻の望みを叶えてあげよう。そう判断した僕は、正月明けに妻と南歩が自転車で島へ旅に出ることを許可した。

八ヶ岳山麓の小学校は夏休みが短いかわりに、冬休みが長い。3学期が始まるのは1月13日からだ。そこで、正月のUターンラッシュも一段落して、ツアー料金も安くなる1月6日から12日までの1週間、南歩と妻は自転車で旅に出る計画を立てた。

最初は沖縄本島を考えていたが、友人のライター、カベルナリア吉田たちに「どうせなら離島がいいよ」と勧められ、冬でも温暖な南の島で、起伏が少なくて、自転車で一周する達成感が味わえる大きさで、交通や宿などの利便性もいい島——というビギナー向けの条件で再検討した結果、最終的には石垣島に絞られた。

石垣島なら羽田からの往復航空券とホテル代1泊込みのツアーが3万数千円で売られている。金銭的にも気候的にも母と子の自転車旅に最適だろう、と結論を出したが、クリアしなければならない課題があった。

自転車をどうやって運ぶか、だ。

使用する自転車は、僕が島旅で愛用しているフォールディングバイクのジャイアントMR4F

荷物はエスケープ R2 にオルトリーブのリアバッグを両サイドに装着し、MR4F にはモンベルのフロントバッグとリアキャリアを装着。

と、長男が高校の通学に使っているクロスバイク、ジャイアントのエスケープＲ２だ。ＭＲ４Ｆは折り畳めるからいいけど、エスケープＲ２は自分たちでバラして、組み立てなくてはならない。

自転車が趣味の独身貴族から入れ知恵された妻は「近所の自転車屋から空の段ボール箱をもらってきて、自転車を丸ごと入れて営業所止めで送ればいい」と考えたが、その方法だとヤマト運輸では宅急便のサイズ枠を越えて、ヤマト便扱いになる。しかも遠く離れた石垣島である。送料は往復で１７，８８０円もかかると聞いて、僕は異を唱えた。

「自転車の旅がすばらしいのは、列車でも飛行機でも無料で自転車を持ち運べて、どこへでも行けるってことなんだ。自分たちで自転車を輪行して行きなさい。それができない人間に自転車で旅に出る資格はない」

妻は一般女性の例に漏れず、機械オンチである。しかし僕の助言に従い、クロスバイクの分解と輪行、組み立ての訓練を開始した。

南歩も、父と旅したときとは違う、僕ががんばらなければ、と自分が置かれた状況を理解したようだ。母と一緒に協力しあって、輪行の技術を磨いた。

こうして準備は進み、１月６日の早朝にふたりは旅立ちを迎えた。

僕は輪行袋に入った自転車を車に積み、ふたりを甲府駅の隣の竜王駅まで送った。

竜王駅からは羽田行き高速バスが出ている。バスのトランクルームに自転車を積んでしまえば、あとは羽田空港でカートを使って運んで搭乗手続きを済ませればいい。帰りも同じくバスを使えば、輪行袋の自転車を担いで階段を上り下りしたり、混雑した電車に乗る苦労もないだろう。

上気した顔でバスに乗り込んだふたりを見送った僕はそれから１週間、高校生の長男のお弁当を作る、模範的主夫生活を送ることになった……。

☆

写真右）米子焼きのシーサーのアトリエに立ち寄る。どの作品も鮮やかで表情が豊か。写真左）『月桃の宿　明石』の『おばあ』は母と子に優しかった。2泊目の夜は『おばあ』の車で伝統芸能を鑑賞に行った。

石垣空港に着いた母と子を迎えたのは、南国の空気だ。気温は25℃。八ヶ岳山麓との気温差は20℃もある。南の島へ来たことを肌で感じたふたりは、空港からタクシーに自転車を積んで、ツアーに組み込まれているホテルに向かった。タクシーの初乗り運賃が430円であることにも、沖縄は違う、と母は感心した（1年前は390円だったのだが）。

石垣島はトライアスロンの大会が開催されることもあり、自転車を持ち込む旅人が多いのだろう。ホテルの部屋に自転車を入れさせてもらって、何度も訓練した自転車の組み立てを無事に終えた。

そして翌朝。ふたりは石垣島の北に向かって自転車を走らせた。

天気は残念ながら雨である。週間天気予報によれば、この1週間はすっきりしない空模様が続くという。1月の石垣島は強い北風が吹くこともあるそうだが、この1週間はちょうどそのバッドな気候のまっただ中に入ってしまったようだ。

しかし、焦ることはない。時間はたっぷりある。時間をかければ、ビギナーでも約150㎞の石垣島を一周できるはずだ。

ふたりはレインウエアを着て、雨の中を走り続けた。とりあえず南歩がMR4Fに乗って先頭を走り、母はエスケープR2で後方を走ったが、脚の長さが同じだから途中で自転車を交代して臨機応変に走るつもりだ。

やがて小さな峠を越えると川平湾が見え、雲に煙った風景の中に宝石のように輝く海の色が目に入った。

「あの色だ！」

母は叫んだ。友人のカベルナリア吉田が出版した本『沖縄自転車』の表紙に掲載されていた海の色である。

川平湾では、たまたま晴れて太陽が顔をのぞかせた。「あの色」の海をふたりで見ることができた。

「あの色」を実際にこの目で見ることも、石垣島に来た目的のひとつなのだ。石垣島は珊瑚に囲まれた島であり、海水が太陽の光の一部を反射して魅惑的な色になるのだろう。晴れていなければ見えないと思い込んでいた『あの色』が、曇天でも見えたことに母は感激した。

川平湾ではたまたま風が止んでいたこともあって、ふたりはグラスボートに乗って珊瑚探検を満喫したが、見事なくらいに人がいない。グラスボートも貸し切り状態だし、ビーチに人影もない。オフシーズンであることを、いやがうえにも実感した。

初日は30km走った川平湾でツーリングを切り上げて宿に泊まったが、翌日は早朝から風が強まり出した。八ヶ岳の自宅ならすでに明るいはずなのに、1月の石垣島の朝は7時になっても薄暗い。窓の外は風の轟音が響き渡って、母は不安を感じた。

今日は旅人に人気の『月桃の宿　明石』に予約を入れてあるが、そこまでは40km程度ある。悪天候で弱気になった母は、宿に電話を入れた。

「小学5年生の子と母で自転車に乗って行くんですが、もしかしたら到着できないかもしれません。携帯電話を持ってないから、途中で電話をするのもむずかしいと思いますが」

母の怖じ気づいた電話を耳にした南歩は、立ち上がった。

「さあ、かあちゃん、行こう！」

普段は「おかあさん」と呼んでいるのに、旅に出てからはアニメのクレヨンしんちゃんを真似て「かあちゃん！」と呼んでいる。それが微笑ましかったし、自分を応援してくれる南歩の姿にたくましさを感じて、母は走る気力が湧いた。

予想はしていたものの、すさまじい雨と強風だった。自転車がまっすぐに進んでくれない。北へ向かうルートだから、正面からまともに強い北風を受けてしまうのだ。

南歩と母はお互いを励ましながら、ときには歩いて、ときには休んで、ゆっくりと自転車を進ませた。

そして無事に『月桃の宿　明石』に到着。宿をひとりで切り盛りしている『おばあ』は、嵐のような空の下を自転車でやってきた小学生と母のふたり組を温かく迎えてくれた。

ここはシーズン中は予約でいっぱいになる宿だが、それも納得だ。大学で建築を学び、一級建築士の免許を持つ母は日記にこう書いた。

——月桃の宿は歴史的な沖縄住宅を踏襲しながら自然素材を使った、建築的にも充分魅力ある建物だった。大木を芯にした立体的にも豊かに構成された木質系の空間に、『おばあ』の愛を一心に受けた植物が柱まわりや入り口脇などの珊瑚床から地植えされ、心地よく成長している。建具もすべて木製のオリジナル。程よく手入れされた庭の木や草が強風から家を守っていて、ひっそりと穏やかなたたずまいだ——

さらに『おばあ』手作りの沖縄料理も品数が豊富で、ふたりは心も体も満腹感を味わった。

天気がずっと悪いようなので、最北端をめざすのはやめて短縮ルートで一周しようかとも考えたが、『おばあ』がふたりを励ました。

「町に行ってもつまんないんだから、岬まで行ったほうがいいよ。東側の牧場道はすっごくきれいよ。でこぼこ道でサバイバル（？）になるけど、あなた達だったら行けるよ」

その言葉に母は発奮した。

「そうだ。最北の岬をめざして、あの海を見よう」と。

☆

翌日、連泊予定で宿に荷物を預けてふたりは、石垣島最北端の平久保崎をめざした。

おばあに教えてもらった牧場道はずっとオフロードの道だった。水たまりがあったり、急坂が

珊瑚が美しい白保の海岸でセルフタイマーを使って記念撮影。旅を終えて、息子はたくましく成長したように思う。少しだけ、ね。

あったり、ヘルメットが吹き飛ばされそうなくらいに向かい風が強烈だったり……と、きつかったが、ふたりは負けずに走り、念願の平久保崎に到着した。

「これだ、この海だ！」

前述した『沖縄自転車』の表紙の写真が、この平久保崎の海なのだ。カベルナリア吉田によれば、ここは三大美《ちゅ》ら海だという。

ここには観光客もいたが、みな車で来た人々で、自転車で来たのはふたりだけだ。母と南歩は誇らしい気分を味わい平久保崎をあとにした。往路は向かい風で2時間半かかったのに、帰路は追い風でわずか30分で戻ることができた。

最北端まで行けたことが自信になって、その後もふたりは順調に走り続けて石垣島一周の自転車旅はゴールを迎えた。

旅慣れた人にとっては大した距離ではないだろうけど、ビギナーの母と南歩にとっては大冒険だった。

母が今回の旅で最も印象に残っているのは、降り続く雨と強風の中で南歩が靴を思いっきり蹴り上げて、「あーした、天気になりやがれ！」と叫んだことだ。「天気になーれ」ではなく、自然に「なりやがれ！」になったところが、おかしくも、かわいかったようだ。

そして南歩に「また、おかあさんと自転車で旅に出ようか」と訊ねたら、南歩は「今度はおとうさんと行く」と答えたそうだ。

めでたし、めでたし……。

旅のおこづかいメモ

ツアー代金 （羽田～石垣往復航空券＋ホテル１泊）	¥68,000
宿泊代（５泊）	¥40,800
食事代（おやつ込み、13食分）	¥22,693
お土産代	¥6,240
雑費（洗濯、テレカ、地図等）	¥6,415
合計	**¥158,868**

（１週間分、すべて小学生の子と母の２人合わせた金額）

１週間の走行距離 …… **167km**

island trip 19

— 直島 —

アートもいいが 手打ちうどんはもっといい

ACCESS

宇野港より宮浦港行きフェリーが1日13便（所要時間20分、280円、自転車300円）、旅客船が3便。本村港行きの旅客船が1日5便（所要時間15分、280円）、高松港より宮浦港行きフェリーが1日約7便（所要時間60分、510円、自転車300円）運航している。

自宅から列車を４本乗り継いで岡山県の宇野港まで行き、直島《なおしま》航路の最終便に乗船した。フェリーの乗船時間は約20分。午後９時前に直島の宮ノ浦港に到着したが、町はすでに寝静まっていた。

観光案内所もあるフェリーターミナルの待合所は閉まっているし、フェリーから下船した人々は足早にそれぞれの家路へ向かって闇に消えた。思えば、島の旅で夜に現地入りした経験はほとんどない。島の全体像を把握する意味でも、海を渡って上陸した感動を味わうためにも、初めて訪れる島は明るいうちに到着すべきだろう。

ひとり港に残された気分の僕は、いつものＭＲ４Ｆを担いで港のまん前にある宿に足を運んだ。予約しておいた宿は１泊２８００円のドミトリー（相部屋）形式の安宿『ドミトリーin九龍《くーろん》』だ。若い男性オーナーは、寝室を案内したあと、「こちらが談話室です」と１階のフロアを案内してくれた。

この宿はスナックを改装したそうだが、テーブルもカウンターも内装も、スナックのイメージそのままである。パソコンやテレビ、さらに厨房だった場所には冷蔵庫やガスコンロもあって使い勝手はいいと思うが、談話室なのに本や雑誌の類いは１冊も置いてなかった。おそらく若いオーナーは活字離れの世代なのだろう。もっと書籍に親しんでもらいたいな、と出版に携わっている人間の立場から思った。

しばらくいると、談話室に若い欧米人のカップルが入ってきた。

ふたりはアイルランドから来た旅人だという。昨日チェックインして、今日は丸一日ミュージアムをまわったそうだが、「直島のアートはすばらしい」と語るふたりの話を聞いて、やっぱりそうなんだ、と納得した。

というのも、僕が直島を旅しようと思ったのは、半年前に礼文島で会ったフランス人旅行者に推薦されたからだ。

本村の港は、のどかな瀬戸内海らしい風景だった。

マニュアルの二眼レフカメラで日本を撮影しながら旅をしていた小粋な彼は、自転車で礼文島を旅していた僕に「自転車で島を旅するなら直島がおすすめだ。島のサイズが自転車にちょうどいいし、ミュージアムがすばらしい」と語った。彼の持っていたガイドブックを見せてもらうと、そこには世界遺産の屋久島に匹敵する魅力的な日本の島として、直島が紹介されていた（フランス語だから詳しいことは、わからなかったけど……）。

直島がこれほどまでに欧米人に人気が高いのは、日本的な瀬戸内海の美しい島でありながら、「自然とアート」および「歴史とアート」をテーマにしたアートプロジェクトを展開しているからだろう。

日本を代表する建築家の安藤忠雄氏が手がけた地中美術館とベネッセハウスには、世界の一流アーチストの作品が展示されているし、島のあちこちには屋外作品も数多く展示されている。さらに古民家を現代アートの作品に仕立てた〝家プロジェクト〟もある。いわば直島全体が芸術のテーマパークになっているのだ。

明日は丸一日かけて直島のアートを自転車でじっくり巡ろうと決め、早めにベッドに入った。アイルランド人のカップルは隣室だが、ふすま一枚隔てただけなので、おしゃべりが筒抜けである。しかし、何をいっているかわからないので気にならなかったし、列車を乗り継いだ疲れもあってすぐに眠りに落ちた。

☆

直島の玄関口は西海岸の宮ノ浦地区だが、町役場やアートの中心は東海岸の本村地区にあり、地中美術館やベネッセハウスは南海岸にある。

宮ノ浦地区から本村地区までは、約３㎞。起伏もそれほどないため、ＭＲ４Ｆを軽快に走らせ

世界各国の旅人が集まるドミトリー。安くて居心地がよかったけど、談話室に本や雑誌が1冊もなかったことが不満である。

て10分程度で本村地区に着くことができた。昨夜は暗い印象を持ったけど（実際に暗かったわけだから）、自転車の視点で眺める直島は、明るくて穏やかな瀬戸内海らしい島だった。

まず向かったのは、家プロジェクトだ。１９９７年にはじまったプロジェクトで、使われなくなった伝統的な古民家をまるごとアート作品として再生する試みである。

かつては城下町として栄えた本村地区の７カ所に家プロジェクトは点在しており、１０００円の1日チケットで出入り自由に鑑賞できる。

その作品はどれも見事だった。

外見や建材は古木を活用した在来建築なのに、中身は芸術しているのである。たとえば、室内の大広間がまるごと池になっていて水中にＬＥＤの数字がいくつも点滅していたり、ガラスの階段があったり……と、快適な日常生活のために継承されてきた伝統的日本家屋と、生活臭のない非日常の芸術が同居しているギャップに、何よりも惹きつけられた。

また受付や案内をしている大人が地元の住民であり、彼らが全国からやってくる芸術志向の若者たちを相手に活き活きと応対している姿にも感銘を受けた。島おこしとしても大成功だし、他の島でもこのようなプロジェクトが行なわれて地域が活性されればいいのにと、過疎化に悩む日本の離島を多く見聞してきた僕は思った。

家プロジェクトはそれぞれに趣きが異なって楽しめたが、個人的にベスト作品は、大竹伸朗氏による『はいしゃ』である。

その名のとおり、かつて歯科医院として使われていた建物をスクラップ風な現代アートに仕上げているのだが、子供の落書きが壁に残っていたり、自由の女神像が1階から3階まで突き抜けていたり、外壁に船が埋め込まれていたりして、遊び心と無邪気な子供の夢を感じさせる作品になっている。中でもとくに興味深かったのは、トイレである。

僕は排泄文化から社会をルポした『東方見便録』や『東京見便録』といった本を執筆しており、

写真右）屋外作品は島のいたるところに展示されている。オリエンテーリング感覚で巡るのも楽しい。
写真左）中国の奇岩を風水にもとづいて配された『文化大混浴』。中央に入浴できるジャグジーがある。

トイレがあるとつい目がいってしまうのだが、自称・アジアのトイレ評論家の目から見ても、このトイレは秀逸だった。

歯科医院だった時代に設置されていたであろう、1階の階段の登り口に芸術作品のトイレはあるのだが、扉がないオープンな空間で、ガラス張りの床には、海外のお札やポップなスクラップが埋まっている。壁も含めてすべてが現代アートなのだが、試しにと水洗トイレのレバーをひねったら、ちゃんと水が流れた。

ひょっとして……。

好奇心が湧き起こった僕は、『はいしゃ』の入り口で案内を担当している年配の男性に質問してみた。

「あのトイレも作品ですよね。でも、実際に使っちゃう人もいるんじゃないですか?」

僕の質問に男性は苦笑した。

「そうなんですよ。見たら芸術作品だとわかるだろうし、扉もないわけだから、普通は使おうとは思わないだろうけど。たまに年配の方やおばちゃんが使ってしまうんです」

使う側のいいぶんとしては『使用禁止』とは書いてないやん、ということになるんだろう。

ある意味、家プロジェクトらしいエピソードだな、と感心した。

☆

昼食は若者が経営する古民家のスローなカフェで野菜カレーを食べた。直島には若者がオープンさせたセンスがいいお洒落なカフェやショップが何軒もある。芸術作品以外にも見所が多い島なのだ。食後は自転車で本村をひととおり走ったあと、地中美術館に向かった。

地中美術館は、クロード・モネやジェームズ・タレル、ウォルター・デ・マリアの作品が展示

家プロジェクトの『はいしゃ』は、貼れるものはなんでも貼るのが特徴の大竹氏らしいユーモラスで独創的な作品。室内は撮影禁止だ。

屋外作品が島内のあちこちに設置されている
「南瓜」と題した作品は最も人気がある

されている。2004年にオープンしたときは大きく報道されたから名前は知っていたけど、僕は最初この美術館を地中海美術館だと勘違いしていた。

瀬戸内海と地中海がイメージ的に通じているし、近くの小豆島ではオリーブ栽培がさかんだから勝手にそう思い込んでしまったのだが、現地に来て「まさに地中美術館だ」と納得した。

建築のほとんどが地中に埋まっているのである。外から見ても造形物が見えないくらいに見事だし、建築そのものがアート作品だった。

僕は旅を執筆する物書きにすぎないから、芸術を語る能力もないのだが、ひとつだけわかったことがある。

それは、優れた絵画は相応の額縁に収まるとより優れた作品になるし、その作品を収めている美術館が、器にふさわしい見事な建築物ならば、芸術はさらに昇華していく。そしてその美術館の立地も、芸術にふさわしい場所でなくては意味がない。

そんな視点でとらえると、美しい海に囲まれた直島にある地中美術館の芸術作品はパーフェクトと呼べるだろう。

そして遠路から海を渡って島に上陸し、自転車で息を切らせて島を走って入館するプロセスは、至高の芸術鑑賞方法に違いない……。

とまあ、芸術に疎い僕は本物の芸術に接して感化されたわけだが、じつは直島で最も感動した作品は、地中美術館でもなければ、家プロジェクトの『はいしゃ』でもない。

正直に書こう。僕が最も感動した直島の作品は、島を離れる日の早朝に食べた、朝限定の手打ちうどんだ。

『ドミトリーin九龍』に泊まっていた女性に教えてもらったのだが、『はいしゃ』の向かいに製麺所があり、そこで地元のおばちゃんが深夜2時からうどんを打っているのである。早朝に打った麺は、地元の店で販売される商品になるのだが、朝6時ごろまでに行くと、釜揚げしたばかり

早朝からおばちゃんが打っている製麺所のうどんは最高においしかった。朝はそれほど食欲がないんだけど、一口食べたらやめられなくなって、あっという間にたいらげてしまった。

の手打ちうどんを製麺所の片隅で食べることができるのだ。

もともとは、新聞配達の人々が食べ出したそうだが、最近は素泊まりの民宿に泊まった人々も朝食がわりに食べに来るのだという。

早起きして、自転車を走らせて製麺所に着くと、おばさんはすぐにうどんを出してくれた。

なんせ、ここは香川県である。１杯２００円のうどんは、あつあつでコシがあって、弾力もあって、ダシも効いていて抜群のうまさだった。

「どう？　おいしいかい？」

「はい。最高です」

単純な僕は、クロード・モネの絵画『睡蓮の池』よりも、おばちゃんが打ったうどんに感激してしまったのである。でも、香川の手打ちうどんは芸術といっていいかもね。

旅のおこづかいメモ

4月21日

小淵沢→宇野（JR特急＆新幹線）	¥15,540
宇野→直島（フェリー）	¥280
夕食代（駅弁、お茶）	¥1,040
宿泊代（素泊まり2泊ぶん）	¥5,600

4月22日

朝食代（パン等）	¥747
家プロジェクトチケット代	¥1,000
地中美術館チケット代	¥2,000
ベネッセハウスチケット代	¥1,000
昼食代（野菜カレー＆コーヒー）	¥1,100
夕食代（生ビール＆メキシカンライス）	¥1,300

4月23日

朝食代（うどん）	¥200
宇野→直島（フェリー）	¥280
宇野→小淵沢（JR特急＆新幹線）	¥15,540
昼食代（駅弁、お茶）	¥970

合計 …… **¥46,597**

3日間の走行距離 …… **28.8km**

island trip 20

— 田代島 —

振り返れば猫がいる 猫だらけのキャットアイランド

ACCESS

石巻の北上川河口船着場から1日3便(夏場は増便される。所要時間約40分、1,200円)運航している。

「猫の楽園」田代島は
あの「ひょっこりひょうたん島」の
モデルになった島だ

「日本で唯一、犬が上陸できない島に行ってきたんですよ」と、ロケ帰りの石井さんが声を弾ませていった。

映像ディレクターの石井さんは、その土地ならではの音をテーマにした5分番組『音のソノリティ』も製作しており、全国を飛び回っている。1年前に自転車で硫黄島を旅したときに僕は彼女と出会い、お互いにフリーランスで波長が合うのを感じて、硫黄島から帰ってからもたまに東京で会う飲み友達となった。

その日のロケ先は宮城県の田代島。大漁をもたらす神として猫を大切にしており、島に犬は一匹もいないし、上陸も許可されないという。つまり、猫だらけの島であり、石井さんは猫たちの声を録るために数日間、田代島を取材してきたとのことだった。

ちょうどわが家に新しく子猫が加わった時期だったため興味が湧いた。『犬連れバックパッカー』を自認している僕だが、新しい子猫は甘え上手で、僕は子猫にメロメロ状態なのである。自分好みの猫を求めて田代島を旅するのもおもしろい。そのうち行こうと、石井さんの話を聞いて思った。

それから月日が流れ、気がついたら田代島の名をしょっちゅう耳にするようになった。

猫と触れ合いたくて田代島を訪れる人が急増しており、ＮＨＫや全国紙も田代島を紹介して、全国的に有名な島になった。

今、田代島へ行くと自分もブームに乗った猫マニアに思われるのかな、それはいやだな、でも猫に会いたいし……と悩みつつ、梅雨に入る直前に田代島をめざして旅立った。

☆

田代島は周囲が11・5kmで、一周道路もない小さな島だと知って、僕は旅を少しアレンジした。

じつは今回から自転車を新調している。今まではジャイアントのフォールディングバイクMR4Fを使っていたが、ドロップハンドルのMR4Rにグレードアップさせた。一般的なロードバイクと遜色ない走りが楽しめる唯一無比のフォールディングバイクなのだが、そのデビューとなる旅が小さな島では物足りない。

せっかくだから自転車で走る楽しみも加味しようと、田代島行きフェリーが出る石巻まで輪行するのではなく、手前の松島で列車を降り、三陸の海岸を35㎞ほどツーリングして石巻港まで行こうと思い立った。

このルートは自転車に最適だった。日本三景に挙げられ、「松島やああ松島や松島や」の有名な句（芭蕉作と思われがちだが、じつは江戸時代の狂歌師、田原坊の作）が残る風光明媚な海岸は景色もよかったし、道路は適度に起伏があって走りやすい。

ドロップハンドルタイプのMR4Rにグレードアップしてよかったと思わせてくれる軽快な走りを楽しんで、石巻港へはほぼ予定通りの時刻に着いた。

ところが、様子がおかしい。

田代島行きのフェリーは20分後の15時30分に出航するはずなのに、乗客がいない。猫好きに人気の島で、今日は週末だというのに、フェリーを待っている乗客が誰もいないのだ。

「田代島行きの船はもう出ましたよ」

「えーっ！」

切符売り場の男性に告げられて絶句した。昨日（6月12日）から船がドックに入っており、7月4日までは1日2便（通常は3便）となり、時間も変更されているという。最終便が出航したのは、つい10分前の15時。田代島に渡りたければ明日の朝9時発に乗るしかない。

なんてこった。田代島のホームページにはフェリーの運航スケジュールが出ていて、15時30分と書いてあったから鵜呑みにしてしまった。事前に問い合わせるべきだった……。

写真右）ヨットで迎えに来てくれたマリンライフの日下さん。NPO法人『ひょっこりひょうたん田代島』の事務局長でもある。
写真左）猫は1匹ずつキャラクターが異なり、観光客になつく猫もいれば、寄せつけない猫もいる。

おおいに悔やんだが、今さらどうしようもない。とりあえず今夜泊まる宿にキャンセルの電話をしなくては……。

予約してあるのはマリンライフといって、名が示すとおりご主人がヨット乗りの民宿である。石井さんがロケで滞在して世話になっており、彼女に紹介してもらったのだ。

「え？　乗り遅れた？　明日、日帰り？　遠くから来たというのに、それはかわいそうだな」

ご主人の日下さんは、声からして骨太の雰囲気が漂っていた。

「鮎川（牡鹿半島の先端）までバスがあるから、バスに乗って鮎川まで来るといい。鮎川まで来たら、ヨットで迎えにいってあげるよ」

「本当ですか！」

なんと、ありがたい。助け舟とは、まさにこのことだな、と思った。

フェリー乗り場の男性に訊くと、タイミングがいいことに5分後に鮎川行きのバスが来るという。慌てて自転車の前輪をはずしてフレームを折りたたんだら、ちょうどバスが来た。輪行袋に入れる時間はなかったが、問題なく乗車できた。フォールディングバイクって便利だな、とつくづく思った。

そして鮎川の港で待っていると、沖から双胴船のヨットがやってきた。

「迎えに来るなんて特別だよ。予約をもらったときに、運航状況を確認するようにいわなかったこちらも悪いから」と、日下さんは説明した。

自転車と僕を乗せたヨットは安定感抜群で、ガソリンの船外機の動力で滑らかに田代島へ向かった。

貸し切り状態のヨットで島へ向かうなんて、最高のぜいたくだなと思った。空港にリムジンカーで迎えに来てもらうような気分である。

日下さんにはもうしわけないけど、乗り遅れたのはラッキーだったかも、と正直思ってしまっ

陽気だけど、仕事熱心な映像ディレクターのセバスチャン。

た。

☆

なるほど、たしかに猫の島である。あちこちに猫がいる。車の下にも、垣根や屋根の上にも、軒下にも……。

猫に毎日食事を与えているというおばさんの家の前には、20匹以上の猫がたたずんでいた。そしてそのまわりを旅行者が囲む。それぞれが写真に撮ろうと、お気に入りの猫にデジカメを接近させている。

不思議な光景である。田代島は人口がわずか74名。そのほとんどが高齢者で、子供はいなくて小学校も閉鎖された限界集落である。しかし、猫は100匹以上いてのびのびと暮らしている。そしてその猫たちを求めて全国から旅行者が集まってくる。

猫は大漁をもたらすとされている田代島だが、猫好きの人々を全国から招くという意味では、間違いなく大漁をもたらしている。

民宿のマリンライフには僕以外に3組の宿泊客がいた。年配のカップルと、猫に会いたくて埼玉からやってきた小さな子供連れのファミリー、そしてもうひとりは外国人だった。

名前はセバスチャンといい、東京在住のドイツ人である。お互いにひとりということもあって、僕らはすぐに打ち解けたが、テレビカメラを手にした彼のスタイルと、島に来た目的を聞いてつい笑ってしまった。

セバスチャンはフリーランスの映像ディレクターで、世界に発信する

漫画家の石ノ森章太郎氏は田代島に住みたいと考えていたそうだ。その思いを受け継ぎ、ちばてつや氏や里中満知子氏がデザインしたマンガロッジがある。

たしかに猫の楽園だ。ただ最近は勝手にエサをあげてしまうマナーの悪い観光客も増えている。

5分番組を製作するために田代島へやってきたとのことだ。硫黄島で石井さんと出会ったときと、ほとんど同じ展開である。

セバスチャンは英語が堪能だが、日本語もうまい。日本に住んで3年になるそうだが、僕が話す英語とセバスチャンの話す日本語を比べたら、彼のほうが格段に上だ。

マリンライフの食卓には生ビールサーバーがあり、会計は自己申告性になっている。島ならではの極上の魚料理を肴に、ふたりで生ビールを飲んで盛り上がった。

「シェルパさんがどうして、この島に来たのか、インタビューさせてください」というので、セバスチャンが構えるカメラの前で、僕は語った。

英語で話してほしいというので、酔った勢いもあって、自分は自転車で島を旅するのが好きなこと、島は自転車にとって楽園であること、じつは猫が好きなんだと、適当に話した。

セバスチャンはGOOD!といっていたけど、5分番組なら英語が下手なこのインタビューが使われることはないだろうな、と思った。

☆

翌朝、起きてすぐ散歩に出かけた。

漁港では人々が働いていた。外に設置されたかまどに薪を入れている。

「何か茹でてるんですか?」

僕の問いにおじさんは、海老だと答えたが、中を見せてもらうとシャコだった。獲れ立てのシャコを20分ほど茹でるそうだ。

シャコの写真を撮らせてもらって、ふと振り返るとやはり猫がいた。

猫にもカメラを向けると、「猫を見にわざわざ遠くから来るんだからすごいねえ」と、おばさ

さすがはビールの本場のドイツ人だ。セバスチャンはビールが大好きで何杯飲んだかわからないくらいに生ビールをおかわりしていた。アサヒは嫌い。サッポロが一番、とのことである。

んが笑った。

マリンライフに戻って、みんなで食卓に並んで朝食をいただいたあとは、自転車で島を半周した。一周道路はないけど、半周程度の周回道路があり、舗装されていて走りやすいのだ。ただ、リアス式海岸の三陸沖の小さな島だからそれなりに起伏はある。

田代島ではかつてマラソン大会が開催されていたが、陸連のスタッフがコースを視察したとき「マラソンではなく、クロカンの間違いじゃないですか」と本気で訊いたそうだ。

島の中心部にある猫神社を参拝したあとは、集落に戻り、漁港の周辺で猫たちと遊んだ。旅行者も僕と同じように、集落をうろつきまわり、気に入った猫をみつけると写真を撮ったり、じゃれつかせて遊ぶ。猫にも個性があって、人間を無視してマイペースで寝転ぶ猫、嫌がって逃げていく猫、甘える猫など、それぞれに違っておもしろい。

でも多くの猫を観察して触れ合っているうちに、わかってしまった。たくさんいても自分になつかない、よその猫より、自分になついてくれうちの猫のほうがかわいいんだ、と。

13時42分発の上り最終便まで猫と戯れて、フェリーに乗船した。港を振り返ると、セバスチャンがカメラを構えていた。これまた硫黄島を離れるときの石井さんと同じだ。

帰ったら連絡をとろう。今度、セバスチャンと石井さんと一緒に飲む場をセッティングしよう。

僕らはいい友達になれるんじゃないかな、と思い、田代島を去った。

旅のおこづかいメモ

6月13日

長坂→松島（JR特急＆新幹線）……¥15,610
石巻港→鮎川港（バス）……¥1,260
昼食代（あなごめし）……¥1,350

6月14日

宿泊代（1泊2食）……¥8,400
生ビール代（前夜4杯）……¥1,600
昼食代（カレーライス）……¥600
田代島→石巻（フェリー）……¥1,200
石巻→小淵沢（新幹線＆JR特急）……¥15,910
夕食代（駅弁　お茶）……¥970

合計……¥46,900

2日間の走行距離……54.6km

island trip
21
— 加計呂麻島 —

加計呂麻と書いて“かけろま”
その海にはホタルが住んでいる

ACCESS

奄美大島の古仁屋港から瀬相港行きフェリーが1日4便(所要時間約25分、350円、自転車130円)、生間港行きが1日3便(約20分、260円、自転車130円)運航している。

空は満天の星
海は夜光虫
幻想的な夜の
シーカヤック ツーリング
加計呂麻島で
ナイト シーカヤック

空港の外に出たとたん、湿気を帯びた潮風に全身が包まれた。ブーゲンビリアやハイビスカスだろうか。妖艶な花弁が入り交じったような、甘い匂いが鼻孔をくすぐる。

南の島へ来たことを実感できてうれしくなった僕は、ワクワク気分で愛車ＭＲ４Ｒを組み立てはじめた。すると空港で客待ちをしていたタクシーの運転手さんが近寄って来た。

「これで空気、入ってんの？」

年配の運転手さんはＭＲ４Ｒの細いタイヤを勝手にさわり、親しげな顔で僕に声をかけてきた。フレンドリーなアプローチが大らかな奄美大島らしくていい。きっとおじさんは、ガチガチに空気が入った固くて細いタイヤが三輪車のゴムのタイヤのように思えたのだろう。

「ええ。入ってますよ。この自転車はこれくらい空気を入れないとだめなんです」

「ふうーん。奄美を一周するのか？」

「いえ。奄美大島ではなく、加計呂麻島です。とりあえず古仁屋《こにや》までは自転車で走りますが」

「古仁屋までは70㎞以上あるし、坂もあって大変だぞ」

古仁屋は奄美大島南部の港町で、加計呂麻島行きのフェリーが発着している。

「きつくなったらバスに乗ります。この自転車は折りたたみ式だからバスに乗せられるんです」

「そりゃ、都合がいいな」

タクシーに乗る客は現われないようで、おじさんはＭＲ４Ｒの組み立ての一部始終を眺めた。

やがて組み立てを終えた僕は、おじさんに別れを告げてＭＲ４Ｒを走らせた。

空港を出てしばらくは平坦な道路が続く。車がほとんど走らない快適なツーリングロードだ。しかし5㎞ほど走ると、緩やかなこう配の上り坂にさしかかった。ギアを落としてゆっくり自転車を漕いでいると、背後から来た車に軽くクラクションを鳴らされた。

あのタクシーのおじさんだった。後部座席に若い女性2人を乗せていて、追い越し際に僕を見てにんまりと笑った。その笑顔を見て、今回の旅もいい出会いがあるはずだと、確信した。

フェリーかけろまの代わりに、海上タクシーの船が島へ渡る交通手段として活躍していた。

奄美大島を訪れるのは、これで何度目になるだろうか。
すぐに思い出せないくらい旅しているはずだが、奄美大島から目と鼻の先にある加計呂麻島には一度も足を運んでいない。何度か行こうとしているのだが、奄美大島がおもしろいものだから、奄美大島で時間を費やしてしまって、加計呂麻島へたどり着く前に旅が終わってしまうのだ。

だから今回は加計呂麻島に的を絞って奄美大島をＭＲ４Ｒで駆け抜け、途中で路線バスに乗って、古仁屋へ到着した。

古仁屋からはフェリーが発着しているのだが、たまたまフェリーがドックに入っていて、海上タクシーとして使われる小型船が代行運航していた。普通の自転車なら乗せることができなかったかもしれないが、バスに乗るときに輪行袋に入れてパッキングしておいたので、追加料金をとられることもなく、乗船できた。

加計呂麻島には瀬相《せそう》と生間《いけんま》の二つの港があり、僕が乗った船は予約しておいた宿『マリンブルーかけろま』に近い生間港行きだった。

所要時間はわずか20分。生間は古仁屋と違って、店がまったくなく、待合所の建物と漁船だけが浮かんでいる小さな港だった。

俗化されていない素朴な南の島、という第一印象を持ったが、島を覆っている森のところどころがくすんだ紅葉のように赤茶けている点が気になった。奄美大島もそうだったが、マツクイムシの被害で大量のマツが立ち枯れているのだ。予算の都合で対応策が練られていないあたりに、県の中央から遠く離れた島の現状を垣間見た気がした。

ＭＲ４Ｒを組み立てて走り出したが、道路のアップダウンは奄美大島以上である。入り江ごとに集落があり、坂を越えないと次の集落にはたどり着けない。でも急ぐ旅ではないしと、ときどき自転車を降りてゆっくりと進んだが、宿には20分程度で到着した。

名が示すとおり、ダイビングやサーフィン、シーカヤックなどマリンスポーツ向けの宿で、宿

写真右）『男はつらいよ』シリーズの中で最も人気が高い作品のロケが行なわれたのが加計呂麻島だ。
写真左）美しい海岸が多いが、山にはマツクイムシで立ち枯れたマツが目立つ。なんとかできないものだろうか。

の前は道路をはさんで美しいビーチが広がっている。

南の島ならではの期待に胸が膨らんだが、宿の女将さんはいった。

「昨日までは10人ほど泊まっていたけど、今日も明日も宿泊客はあなたひとりだけよ」

あ、そう……。

夕食はときどきバンドのライブが開催される広いレストランを独占していただいた。

食後はとくに何をすることもなく、部屋でテレビを観ようとしたが、アンテナが台風にやられたのか、まったく映らない。おまけに雨まで降り出してきた。

レストランに置いてあった村山由佳の青春小説『海を抱く』を読んでいるうちにいつしか眠りに落ちた。

☆

翌朝は天気も回復。端から端まで島を自転車で走ってみることにした。

「徳浜から実久《さねく》まで走るの？　坂があってきついよ。車でも1時間以上かかるんだから」

女将さんはそういったけど、路線バスが走っているからきつくなったら折りたたんでバスに乗ればいい。

まずは東南のビーチ、徳浜海岸へと向かう。加計呂麻島は国民的映画『男はつらいよ』シリーズの第48作『寅次郎ハイビスカスの花』（翌年に渥美清が他界したので、実質最終作）の撮影が島の各所で行なわれており、ロケ地巡りができるように各所には案内板が立っている。

徳浜海岸では吉岡秀隆が後藤久美子に告白するシーンが撮影されたそうで、映画のシナリオが書かれた案内板がビーチの入り口にあった。

さて、北西の実久海岸をめざして出発。きつい上り坂を越えると美しい入り江に出る、変化に

徳浜海岸にはけんむん茶屋というオープンカフェがあり、ブイを使ったオブジェが飾ってあった。

富んだ少々ハードなツーリングとなった。

毎回思うことだが、自転車で島を端から端まで走ると、島との関係が親密になったような満足感が得られる。のんびり休みながら移動する旅もいいけれど、背中に汗を感じて息を切らせながら前を見つめて走り続ける旅もいい。ひとつ入り江を越えるたびに、加計呂麻島との距離が一歩ずつ縮まるような感覚を味わって、実久海岸をめざした。

道中の売店でパンを買って食べたりして、徳浜海岸出発から約3時間後に北西の実久海岸に到着。加計呂麻島縦断を達成できた。

実久海岸には売店が1軒あるだけの静かで美しい海だった。売店のおじさんは関西からこの地に移住してきたそうで「昼間から気持ちよく酒を飲めることが何より幸せ」と、ビーチを眺めて焼酎を飲んでいた。

その姿がうらやましく思えたので、僕は売店で缶ビールを買い、おじさんと浜辺に並んで飲んだ。

「私は耳が遠いんやけど、ここで暮らすには何の問題もない。ここの生活は平和なもんや。テレビも新聞もいらん。台風の直撃と、停電になるとすぐに復旧せんことくらいやな、不便なことは」

おじさんが語る島のエピソードを聞いてのんびり過ごし、自転車をたたんでバスに乗って宿に帰った。

☆

宿に帰ると、飛び込みの宿泊客がいた。若い男性の2人組だ。

ふたりは僕よりも先に「こんにちは」と、明るい声であいさつをした。学生だろうか。スポーツマン風で好感が持てる朗らかな若者だ。

夕食どきも、僕のテーブルに来て、「たくさん買い込んできましたから、どうぞ」と、僕の席に缶ビールを3本持ってきてくれた。

ふたりは夕食のあとに、夜のシーカヤックツアーに参加するという。その言葉どおり、宿には若い女性ガイドと男性スタッフが1名やってきた。宿のすぐ前から夜の海へ1時間ほど漕ぎ出すショートツーリングである。

「一緒に行きませんか。夜光虫が見れますよ」

女性ガイドに誘われた。2人乗りのタンデム艇が2艇あり、若者はペアを組むから、女性ガイドのタンデム艇のフロントが空いているという。

缶ビールを3本飲んで、すでに酔っていたが、ショートツーリングなら大丈夫だろう。夜光虫なんて波照間島以来だなと思いつつライフジャケットを着て、夜の海へと漕ぎ出した。

空は晴れて星がきらめいていた。灯りが乏しい加計呂麻島だから、星が一段と美しく見える。ライトがなくても星灯りが海面に反射して、ぼんやりと周囲の風景がわかる。人力のパドルを頼りに、静かに滑らかに海面を進んでいくシーカヤックは自転車の感覚に近いと思う。

「ワーッ！　光った、光った！」

若者ふたりが叫んだ。陸から20mほど漕ぎ出したあたりで夜光虫が光り出した。パドルを漕ぐたびにホタルのような小さくてほのかな明かりが海面に揺らめく。

島内のあちこちでガジュマルが見られるが
於斉のガジュマルはサイズもビジュアルも
NO1！

夜光虫は海洋性プランクトンで、1ミリ程度の細胞だから肉眼では判別できないが、物理的刺激を受けると発光する特徴があるため、パドルを漕ぐと、パドルの跡を海面に記すかのように一瞬、光る。

見上げるときらめく星空。目の前の海にはゆらめく夜光虫……。宇宙船で宇宙を彷徨っているような、なんとも幻想的で美しい風景である。

この状況で女性を口説いたら成功の確率がかなり高そうだが、若者2人は「ワーッ！」とか「キエーッ！」と奇声を発しつつ、「よーし、もっと漕ぐぞ！」と、元気に漕ぎまくるものだから、そんな雰囲気にはならない。

やがて騒ぎが一段落したところで、並走してツーリングしつつ、会話を交わした。

「ところで、君たちはどこから来たの？」

「尼崎です」

「ふたりは職場仲間なの？」

「まあ、そんなもんです」

「どんな仕事？」

「いや、ちょっと……」

ふたりは言葉を濁して、詳しくを語ろうとはしなかった。

やがて会話に女性ガイドも加わった。彼女は愛知県でシーカヤックのガイドをしていたが、数ヵ月前にこちらへ移り住んだという。

「愛知県なら僕らもよく行きますよ。蒲郡と常滑ですけど」

若者の言葉を聞いて、もしやと思った。僕は学生時代に愛知県に暮らしていたから、蒲郡と常滑と聞けば、あれが思い浮かぶ。それに彼らは尼崎に住んでいる。

「ひょっとして、君たちは競艇の関係者？」

写真右）加計呂麻島北西部の実久海岸。真夏は人が来るのだろうけど、誰もいないビーチだった。
写真左）昼食は『海宿5マイル』のレストランでチキンライスを食べた。ボリューム満点だった。

「そうです。よくわかりましたね」

ふたりは競艇の選手だった。ギャンブルでもある競艇はルールが厳しく、フライングをしてしまうと30日間の出場停止をくらうそうで、ふたりとも同時期にフライングを犯してしまったため、一緒にどこかを旅しようと奄美大島へやって来て、加計呂麻島まで足を延ばしたという。

「じゃあ、休みたくなったらフライングをすればいいんだ」

「冗談じゃないですよ。出場停止中は収入がないんですよ」

なるほどね。フリーランスの立場と似たようなものなんだ。

それにしても、モーターエンジンでコンマ何秒のスピードを競っている水上のプロフェッショナルが、人力でパドルを漕いで海面をのんびりとツーリングして喜んでいるなんて、可笑しくも微笑ましい。

「競艇の選手と一緒にシーカヤックのツーリングに出るなんて、貴重な経験だよね」

後部座席の女性ガイドにそう言うと、僕の素性を知った彼女は言った。

「でも、旅を書いてる作家と一緒にシーカヤックに乗ることも、めったに経験できませんよ」

そうか……。まあ、ともかく、旅はどんな出会いが待っているか、わからない。だからこそ旅はおもしろいんだよな、とあらためて思った。

旅のおこづかいメモ

9月27日

長坂→都内(JR)	¥2,850
昼食代(あなごめし)	¥1,350

9月28日

都内→羽田空港(京急)	¥590
羽田→奄美大島(飛行機 特別運賃)	¥32,550
朝食代(コンビニでパン等)	¥378
昼食代(カレーライス等)	¥840

9月29日

昼食代(パン等)	¥525
缶ビール	¥230
宿泊代(1泊2食×2日プラスビール代)	¥13,100
シーカヤックツアー代	¥5,000
合計	**¥56,263**

3日間の走行距離	**78.3km**

island trip

22

— 加計呂麻島＋徳之島 —

フェリー
奄美大島
徳之島
加計呂麻島

クロマグロは神秘的なくらいに青くて美しかった

ACCESS

鹿児島港から奄美大島経由のフェリーが毎日運航（所要時間約14時間30分、2等8,720円、自転車2,530円、輪行袋に入れた自転車500円）。那覇港から本部港、与論島、沖永良部島経由のフェリーが毎日運航（所要時間約7時間20分、2等6,500円、自転車1,650円、輪行袋に入れた自転車300円）。

食欲旺盛なクロマグロたち
巨体が目の前を泳ぐ姿は
豪快だ
加計呂麻島で
クロマグロに出会う
ウミガメも
サメも集まってくる

その情報を知ったのは、大きなガジュマルの木の下だった。

加計呂麻島の於斎《おさい》という集落には映画『男はつらいよ』のロケに使われたガジュマルの巨木がある。木根がジャングルのように入り組んだ壮大な樹木で、漁網がハンモックがわりに吊るされていて、気持ちのいい休憩場になっている。そこで出会った若いカップルが、とっておきの話をしてくれた。

「クロマグロを見て来たんですよ。400kgぐらいありました。軽自動車くらいの大きなクロマグロが海の底から現われてガバッとアジを食うんです。もう、すごかった！」

加計呂麻島の玄関口である瀬相港の北に奄美栽培漁業センターがあって、そこでは研究のためにクロマグロを養殖しているという。毎朝職員が船でエサを与えており、事前に申し込めば無料で同行させてもらえるとのことだ。

ガイドブックに出ていない情報を入手すると心が沸き立つ。さっそく教えてもらった奄美栽培漁業センターへ自転車で向かった。

本来なら1週間以上前に申し込まねばならず、今日の明日、という予約は引き受けられないといわれたが、落胆した僕の姿が同情を誘ったのか、「今回は特別ですよ」と所長さんは翌日の見学を許可してくれた。

そして加計呂麻島を離れる朝、自転車を漕いで約束の午前9時前に奄美栽培漁業センターに向かった。

養殖といってもクロマグロクラスになると、スケールも段違いに大きい。湾内を仕切り網で囲っており、その広さは14ヘクタール。広さを表現する定番の東京ドームでいえば3個ぶんの広さになる。小型船に乗って海上の仕切り網内に行くのだが、船のデッキにはクロマグロのエサになるアジがたんまりと積み込まれていた。

500匹くらいは積まれているんじゃないだろうか。エサのアジは、そのまま食べられるんじゃ

クロマグロの貴重な情報を教えてくれたさわやかなカップル。新潟から1週間の旅に来たそうだ。

ないかと思えるくらいにおいしそうだった。

仕切り網の内側に入ったところで、スタッフがアジをスコップですくい、勢いよく海に投げ入れた。

すると海の底から巨大な影が勢いよく、浮上してきた。

海面が大きく揺れ、バッシャーン！　という豪快な水音とともに巨大なクロマグロが現われて海に消えた。

なんという大きさ！　なんという迫力！　あのカップルが興奮したのもうなずける。クロマグロの胴回りは関取以上だ。横綱の白鵬が超高速のドルフィンスイムで海を縦横無尽に泳ぎ回っているようなものである。

ここで養成しているクロマグロの親魚は年齢が10歳以上で５００kg近いサイズの成体もいるという。水族館で見られるクロマグロも、有名な大間のホンマグロも大きくて２００kgくらいだから、倍近い大きさを誇る。いったいどれだけの寿司が食えるんだろう、市場に出たらいくらになるんだろうと感心してしまった。

「青くてきれいでしょ。クロマグロといっても、海で泳いでいるときは体のラインが青いんですよ」

スタッフの男性がそう教えてくれた。市場などで見かける冷凍ものは黒っぽくてクロマグロの名前が合っているように思うが、生きているクロマグロは神秘的なくらいに青くて美しかった。

エサのアジを食べるのはクロマグロだけでない、仕切り網の中に入り込んできたウミガメもサメも集まってきて、豪快にアジを食べた。

クロマグロもウミガメもサメも適度に距離を保って、お互いに争ったりしないで、それぞれのペースで食事をしている姿がのどかでメルヘンチックだ。水族館で餌付けを見物するよりも数倍おもしろい。

上）船にはクロマグロのエサになるアジが大量に積まれる。塩焼きにしたらおいしそうなアジである。

また、応対してくれた男性スタッフたちがとてもフレンドリーだった。年配の男性は自転車でやってきた僕を見ていたらしく「自転車で旅してるのか？ どこから来た？」と気軽に声をかけてくれた。

「何年か前に車で日本一周したことがあってな。北海道で奄美の人間に偶然出会ったんだよ」とうれしそうに、過去の旅の話をしてくれた。そして別れ際に「これ、持ってきな」とトゲが何本も出た貝殻をプレゼントしてくれた。

正式な名前はわからないが、何本ものトゲが折れずに海岸に漂着したのは珍しいと思う。彼はティッシュに丁寧に包んで手渡してくれた。

「ありがとうございます」

とても素敵なプレゼントをいただき、ますます感動して奄美栽培漁業センターをあとにした。

栽培漁業センターは全国に10ヶ所あって、魚介類の育成技術を研究しているが、クロマグロを扱っているのはこの加計呂麻島だけである。

大西洋マグロ類保存国際委員会が大西洋でのクロマグロ漁獲規制を打ち出したことに続き、太平洋でも漁獲規制の方針が固まり、クロマグロは高嶺の花になりつつある。

首都圏から遠く離れた加計呂麻島の施設が、マグロ好きの日本人の将来を担っているんだなと思うと、ある意味痛快だった。

☆

加計呂麻島から奄美大島に戻った僕は、隣の徳之島に寄り道してから帰ることにした。

徳之島は5年ぶりになる。徳之島には無農薬非化学肥料のコーヒーの木を栽培している吉玉誠一さんという方がいて、僕は5年前にコーヒーの木のオーナーとして吉玉さんに会いに来たこと

奄美大島ので泊まった名瀬港湾センター。簡素だけど部屋は清潔だし、2500円という良心的な宿泊料金がうれしい。港のまん前にあるから、早朝のフェリーに乗船するときはとても助かる。

があるのだ。

　それは吉玉さんのコーヒー豆を販売している横浜のカフェが募集した企画で、オーナーになると豆を収穫できるようになるまでの約5年間、吉玉さんがコーヒーの苗木を育ててくれる。苗木は1本5000円、それ以外に管理費として年間3000円かかる。つまり収穫できるまでの5年間で2万円もかかって、収穫できるコーヒー豆は約500gとかなり割高になってしまうが、南の島に自分のコーヒーの木が育っているという夢を買おうと、僕はオーナーになった。

　あれから5年が経ち、横浜のカフェ経由で僕の木から収穫されたコーヒー豆が送られてきて、コーヒーの木のオーナーにはピリオドを打ったが、奄美大島まで来たのなら足を延ばして吉玉さんに会っていきたい。吉玉さんは陽気で笑顔が優しく、会うだけで元気がもらえる好人物なのである。

　奄美大島の名瀬港を早朝6時に出航するフェリーに乗ると、午前9時は徳之島に到着する。名瀬のフェリーターミナル前にある名瀬港湾センター（一般旅行者も宿泊できる。1泊2500円で泊まれるし、フェリーが入港すると汽笛が響くから目覚ましがわりになって便利）に泊まった僕は、折りたたんだ自転車とともにフェリーに乗り込んだ。

　約3時間後に到着した徳之島は台風一過のようにすっきりと晴れ渡っていて、海がまぶしいほどだった。

　吉玉さんは今もコーヒーを育てていて、奥さんは戦艦大和の慰霊塔がある犬田布《いぬたぶ》岬でカフェ『スマイル』を営んでいる。吉玉さんが育てたコー

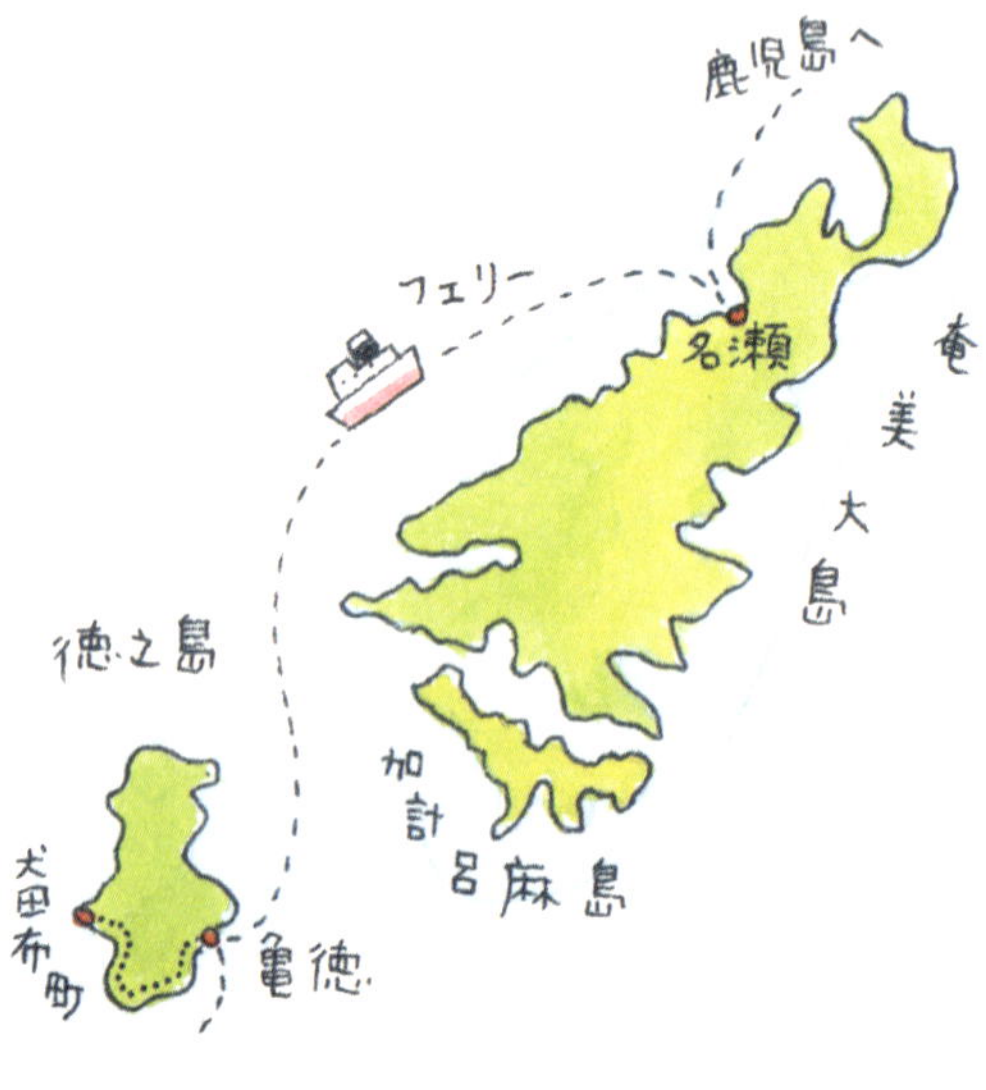

奄美栽培漁業センターで間近に見たクロマグロはグラマーで、海と同じく美しかった。

美しい徳之島の喜念浜。多くの観光客が沖縄へ行くけど、奄美大島も徳之島も沖縄に負けていない。

ヒー豆を自家焙煎して『スマイル』で出しているのだが、残念ながら今年の豆はすでに売り切れたとのことだ。でも吉玉さんの笑顔、スマイルに会いたくて、僕は亀徳港から犬田布岬をめざして自転車を走らせた。

なんとも気持ちがいい。全身にあたる潮風がカラッとしていてちょうどいい気温だし、気持ちが弾んで自転車がスイスイと進んでいく。

5年前は気づかなかったけど、徳之島の南西部を走る海岸道路は、自転車の楽園といっていいだろう。車が少ないし、道路もほぼフラット。おまけに海岸はとびきり美しい。

あまりに気持ちいいものだから、一気に走ってしまうのがもったいなくて、途中で休憩することにした。

喜念浜と書かれた標識があったので、なんとなくそこへ入ったのだが、これまた絵はがきにしたくなるような美しい海岸だった。浜は白く、リーフが広がる海はエメラルドグリーンで沖縄の海と変わらないのに誰もいない。10月のオフシーズンとはいえ、誰も現われそうにない。素っ裸で泳いでも問題なさそうなほどだ。

こういう場面に接すると、自転車で島に来てよかったとつくづく思う。自分の足で有名観光地でない場所を渡り歩いて、気ままな時間を過ごせるのは自転車の特権だろう。

あくせく漕ぐ気がなくなってしまって、しばらく海を眺めてから犬田布岬に向かった（本当は素っ裸になりたかったけど、さすがに勇気がなかった）。

☆

喫茶『スマイル』は前オーナーから吉玉夫妻が引き継いだそうだが、岬の駐車場の脇にあってロケーションは抜群だし、ウッディな内装も落ち着いていて雰囲気がよかった。

犬田布岬には戦艦大和を旗艦とする特攻艦隊戦没将士の慰霊塔がある。この沖合で戦艦大和が沈没したわけではない。

徳之島コーヒーは売り切れてしまったけど、コーヒー好きが転じてコーヒー栽培に着手した吉玉さんのカフェだから、おいしいコーヒーはある。奥さんが丁寧にコーヒーを淹れてくれた。

豊かな香りが広がる。そういえば、旅に出てから本格的なコーヒーを飲んでいない。おいしい一杯をいただくために島に渡って自転車を走らせて来たなんて、ぜいたくなコーヒーだなと思った。

そんな極上のコーヒーを飲んでいると、吉玉さんが軽トラに乗ってやってきた。

「斉藤さん！　元気でしたか！」

しわくちゃの優しい笑顔に迎えられて、うれしくなった。

5年前を思い出す。僕は国産のコーヒーだから徳之島コーヒーのオーナーになろうと思ったのではなく、吉玉さんのコーヒーだからこそオーナーになったのである。この人なら夢を託したいと思わせるオーラが吉玉さんにはあるのだ。

現在のコーヒーがどうなっているのか見せてもらおうと、吉玉さんの軽トラでコーヒー畑に向かった。

5年ぶりに対面するコーヒーの木は着実に成長していた。一度台風にやられてダメになり、再び植えたそうだが、50㎝程度の高さだった苗木は僕の身長くらいになっていた。

葉っぱが瑞々しく、オリーブのような緑色のコーヒー豆が枝のところどころにくっついている。吉玉さんはこの貴重な豆を一粒一粒手作業で収穫するのである。一杯のコーヒーにドラマがあるというけれど、それ

コーヒーの豆は緑色で
まっ赤に成熟すると
収穫できる

名は体を表わすというけれど、スマイルの名がぴったりの吉玉夫妻だ。

一杯のコーヒーを飲むために自転車を走らせた。そう表現してみたくなる、南の島の素敵なカフェだった。

はけっして誇張表現ではない。

５年後の更新をしなかったので、僕はもうオーナーではなく、コーヒーの木は別の人の手に渡っている。でも成長したコーヒーの姿と吉玉さんの笑顔に再会できたんだから、じゅうぶんに満足だ。

「また、遊びに来ますね」

「ああ、いつでもおいで」

吉玉さんに見送られ、僕は再び自転車に乗って徳之島を走った。

クロマグロとコーヒー。

畑違いもいいところだけど、どちらも南の島から日本へメッセージを発信しているような気がした。

旅のおこづかいメモ

9月30日

瀬相→古仁屋（船）	¥200
昼食代（ラーメン等）	¥630
夕食代（定食）	¥900
宿泊代（素泊まり）	¥2,700

10月1日

奄美大島→徳之島（フェリー）	¥3,870
徳之島→鹿児島（フェリー）	¥12,890
朝食代（コンビニで）	¥412
夕食代（定食）	¥1,050

10月2日

鹿児島中央駅→鹿児島空港（バス）	¥1,200
鹿児島→羽田（飛行機 特割）	¥26,600
羽田空港→新宿（バス）	¥1,200
新宿→長坂（バス）	¥2,050
朝食代（コンビニで）	¥399
昼食代（カレーライス）	¥840
合計	**¥54,941**

3日間の走行距離 …… **73.0km**

あとがき

海がなく山に囲まれた長野県で生まれ育ったため、島は遠い存在だった。海の外にあるという意味でも、島はまさしく海外だった。

初めて島を旅したのは、22歳の夏。オートバイで北海道を一周したときに、寄り道をして最北の礼文島に渡った。学生の僕は貧乏な旅人で、宿に泊まる余裕がなく、燃費のいいオートバイで走ってテント泊と自炊を繰り返していた。たしか予算は1日千円以内だったと思う。でも冒険がしたくなって、オートバイとキャンプ道具を稚内に置いて、普通の旅人として礼文島に渡った。

フェリーに乗ったときから、今までの旅とは違う、と思った。

オートバイのツーリングは意のままに大地を自由に移動する旅だ。そこが大きな魅力ではあるけれど、フェリーは違った。みんなが乗客として同じ島をめざしていることに仲間意識を感じた。野宿単独行の旅人と、列車で移動して宿に泊まる旅人は別次元であり、交流がないと思っていたのに、島をめざす旅ではそんな壁を感じなくなっていた。

さらに信じられないことに若い女性から声をかけられた。どこから来たんですか、というようなことを訊かれたと思う。それまで北海道を旅していて、女性から声をかけられたことは一度もなかったから、それは衝撃的だった。上陸する前からすでに島は楽園だと思った。

そして島では住民たちが心から旅人を歓迎してくれた。島時間とでもいおうか、時の流れが町とは違ってゆったりと流れている気がした。数日間過ごして島を離れるときは、島民たちやユースホステルの若者たちが大きく手を振って船を見送ってくれて、涙が出るくらいに感動した。

自転車の旅に目覚めたのも、そのころだった。

オートバイの旅の途中に右足を骨折してしまい、リハビリのためにペダルを漕ぎ出した。

これまた島旅と同じく、すぐに魅せられた。

オートバイと違って自分の足で進む充実感もあったし、列車や船、飛行機など、あらゆる交通機関に乗せられる身軽さがすばらしいと思った。アジア大陸を数ヵ月間走ったり、北アフリカや

アメリカなども走り、どこへでも行ける自転車の旅の世界にどっぷりはまった。

そんな青春時代を経験したものだから、自然の成り行きで自転車で島へ旅に出かけるようになった。島旅だけでもおもしろいし、自転車に乗るだけでもおもしろい。それが一緒になるわけだから、おもしろくないわけがない。

交通機関が発達していないから、島に出かける旅人にとって自転車は自由に移動できる交通手段として重宝する。行動範囲が一段と広がって、より深く、島と親しめる。

また自転車に乗る旅人にとって、交通量が少ない島は絶好のサイクリングコースだ。車に邪魔されることなく、悠々と美しい海岸沿いの道を漕ぎ出せる。

島と自転車の相性は抜群だ。しかもありがたいことに日本は島国であり、6852もの島が存在する。限りなく自転車で島旅を続けられる僕らは、幸せ者だと思う。

☆

本書は雑誌『バイシクルナビ』の連載「自転車で出会う楽園の島」をまとめたものだ。

自転車で島を旅するとはいえ、それは取材であり、旅ではなく仕事なのかもしれないが、僕は職業意識をほとんど持たず、普通の旅人としてひとりで島を旅してきた。

写真を撮ってラフを書いて、中村みつをさんに毎回イラストを発注してきたが、中村さんも担当編集者の川瀬佐千子さんと宮崎正行さんも、「いいなあ、私も自転車で島に行きたいなあ」と思って、仕事をしていたに違いない。だから3人に感謝とお詫びを述べておきたい。

僕の旅をサポートしてくださってありがとうございます。そしていつも自分ひとりがいい思いをして、ごめんなさい。これからも僕は自転車の島旅を続けていきますから、よろしく。

2010年2月、宮古島へ旅に出る前日、八ヶ岳山麓の自宅にて

斉藤政喜

An ISLAND TRIPPER with the BICYCLE

シェルパ斉藤の

島旅《しまたび》はいつも自転車《じてんしゃ》で

2010年 3月 10日　初版発行

著　者　斉藤《さいとう》 政喜《まさき》

発行者　黒須雪子

発行所　株式会社　二玄社
東京都千代田区神田神保町２－２
営業部　東京都文京区本駒込６－２－１
〒113-0021
電話：03-5395-0511
FAX：03-5395-0515
URL　www.nigensha.co.jp

イラスト　中村みつを

デザイン　三輪時子（SLOW inc.）

印刷所　株式会社東京印書館

製本所　株式会社越後堂製本

ISBN　978-4-544-40046-5

★本書は、『BICYCLE NAVI』に連載中の「自転車で出会う楽園の島」（2004年秋号、2006年春号～2010年３月号）を加筆・修正してまとめたものです。